CREENCIAS
SUPERSTICIOSAS

Descubre las Creencias y Supersticiones más
Extrañas

INOCENCIO VELEZ

Índice

Introducción

Increíblemente, incluso la ciencia no puede negar que hay cosas más allá del alcance de la razón. El conocimiento que solemos llamar "mental", "irracional" o "supersticioso" en realidad tiene un peso histórico que varía según el contexto.

Los humanos hemos intentado explicar el mundo que nos rodea. Ciertos eventos catastróficos y situaciones cómicas o mundanas tienen lucubración. Las supersticiones son una pieza más del rompecabezas de una realidad cuyo significado aún no se ha determinado. Y este juego de palabras no es una tontería. En todo el continente existen historias, leyendas, personajes y rituales que son típicos mosaicos culturales que nos llegan de generación en generación.

Muchas de las creencias sostenidas en las primeras culturas mesoamericanas aún están presentes en nuestra vida cotidiana. Además, hemos conservado los conceptos de muerte, vida, amor, lujuria y guerra...

Lo que en un principio parece la invención de una civilización lejana puede reflejarse en todo lo que tú, yo y nosotros hacemos y creemos. cosa.

El libro que tienes en la mano es un intento de condensar algunas de estas supersticiones prácticamente infinitas. Las siguientes páginas son, por lo tanto, un humilde intento de explorar el mundo geográfico a través de su imaginación.

Los seres supra terrestres forman uno de los pilares más importantes que luego configurarían lo que conocemos como naciones. Los reyes como vástagos de los dioses, o las sacerdotisas como proveedoras y protectoras son ideas muy antiguas que no se alejan de nuestro contexto.

No quiero decir que todavía estemos viviendo en tiempos prehistóricos, cuando la historia oral era el medio más importante para impartir conocimientos. Me interesa el hecho de que las personas que lean este libro puedan comprender ideas que parecen lejanas a primera vista y conectarlas con personas más cercanas. Por ejemplo, entre las diosas y dioses del antiguo Egipto y las creencias sobre algunos animales en Europa Occidental, o la creencia de que las Américas son mucho más diversas de lo que uno podría suponer, especialmente cuando se habla de las tribus nativas americanas en América. conexiones o poderosos habitantes mesoamericanos. Un misterioso mundo de superstición nos permite rastrear estas conexiones que hoy parecen perdidas.

Además, no olvide que el número de páginas es limitado.

Quiero incluir todo lo que sé en este volumen, pero debo limitarme a algunas de las historias más relevantes, o al menos las más conocidas. Hay muchas variaciones. Los matices son invaluables, pero al menos esta vez intentaré describir brevemente los aspectos más importantes de cada región del mundo. Esperamos que continúes explorando el vasto e intacto universo.

África

PARA OCCIDENTE, África sigue siendo un mundo exótico y misterioso. El continente más grande del mundo, comúnmente considerado vasto y humilde, en un punto vacío o rocoso, en realidad alberga muchos misterios sobre la historia humana. África fue el sitio de reyes venerables, ricos en tierras y feudos. Si bien civilizaciones increíbles han surgido y caído en este lugar, otros pueblos aún vivían en cuevas en otros lugares. La mitología africana se basa en una fuente muy profunda de experiencia política y religiosa.

De hecho, ninguna otra región tiene una imagen tan completa y perdurable como este maravilloso lugar.

. . .

El continente africano es la segunda masa terrestre más grande del mundo y cubre aproximadamente 12 millones de millas cuadradas (20% del área terrestre total de la Tierra).

También es el segundo continente más poblado después de Asia, con más de 1200 millones de personas que hablan alrededor de 2000 idiomas nativos diferentes.

Esta increíble diversidad hace que enumerar la mitología africana sea especialmente difícil. Aunque los dos grupos humanos comparten la misma mitología, los nombres y otros detalles de los dioses legendarios pueden ser bastante diferentes. De manera similar, África es el único continente que abarca los cuatro hemisferios de la tierra. La región del Gran Este del Rift, también conocida como el Gran Valle del Rift, se extiende desde el río Jordán a través del Mar Muerto, el Mar Rojo y Kenia hasta Mozambique. La región es conocida como la 'Cuna de la Civilización' debido a la gran cantidad de material arqueológico y al desarrollo antropológico que tuvo lugar allí. La geografía revela notables diferencias entre los estados africanos. Los países del norte del continente (Argelia, Marruecos, Egipto, Libia, Túnez, etc.) suelen agruparse con países de Oriente Medio. (Irán, Irak, Siria, Arabia Saudí, etc.), formando un complejo denominado Norte de África y Oriente Medio.

. . .

Los países fuera de este conglomerado, especialmente los países subsaharianos como Sudáfrica, Nigeria, Kenia, la República del Congo y muchas naciones insulares frente a la costa de África, se consideran parte del África subsahariana. Israel es un caso especial.

A pesar de estar ubicado en el Medio Oriente, su orientación política y económica lo acerca a los Estados Unidos. y Europa; como tal, suele quedar fuera de las conversaciones sobre esta región.

Monstruos de la mitología africana

A continuación, se muestran algunos de los monstruos más aterradores de varias mitologías africanas.

- Azé Ghana

Azé es un insecto que cambia de forma. Esta criatura ataca a los niños cuando toma la forma de una libélula, chupándoles la sangre energética. Cuando es atrapada en el acto, la libélula cambia de forma y se convierte en un ser humano con el poder de poseer las almas de los demás. La persona poseída finalmente muere.

- Agogwe – África Oriental

Los Agogwe son pequeños animales bípedos de pelo anaranjado, rojizos o amarillentos que habitan en los bosques remotos de la región. Aunque técnicamente no es un monstruo, Agogwe es muy misterioso y, según el folclore de África Oriental, se dice que ha sido avistado.

Uno de los primeros avistamientos registrados por un no africano ocurrió en el siglo XIX cuando un oficial del ejército británico se encontró con dos criaturas en una expedición de caza. Según sus guías, se llamaban Agogwe. Los cazadores luego intentaron rastrear a estos seres. Fallé.

Continuaron otros avistamientos, algunos en el área de Mozambique. Aunque hay varias teorías sobre los Agogwe (incluso se dice que forman parte de la 'Tribu Perdida' de los pigmeos), parece más probable que se trate de una especie de orangután (tamaño y color según los cuales se basa). extinto en este punto.

- Biroko Zaire

Biroko es un espíritu enano cobarde que vive en la jungla. Estos antiguos seres envidian a los vivos. Por lo general, viven en árboles huecos para proteger celosamente a las criaturas del bosque de todos los cazadores que los confunden con invasores. Exteriormente, Biroko es una criatura calva con garras afiladas y dientes apretados. Sus mandíbulas pueden abrirse lo suficiente como para tragarse a un humano entero. También tiene el poder de hipnotizar a su presa antes de devorarla.

* Grootslang – Sudáfrica

La historia de Grozlang comienza con las cuevas de Richtersfeld en Sudáfrica. El nombre Grootslang proviene del afrikaans (el idioma nativo de Sudáfrica) y significa "gran serpiente". Las historias sobre este monstruo se remontan a siglos atrás y describen criaturas con el cuerpo de una serpiente y la cabeza de un elefante. Su piel es de color verde grisáceo y, como era de esperar, escamosa. Sus ojos son ojos de elefante y serpiente. También tiene orejas de paquidermo y una extraña capucha en forma de cobra.

Estas bestias tienen huesos de elefante y veneno de cobra. Al igual que el monstruo Mumlumbo, descrito más adelante, Grotslang está representado en cuevas de la zona. Según la leyenda, Grotzlang fue el resultado de un "error" de los dioses primordiales. Cuando se dieron cuenta de que los monstruos que habían creado eran demasiado feroces para vivir en el mundo, dividieron a las criaturas en dos tipos: elefantes y serpientes. Sin embargo, el monstruo original no pudo matar y escapar, y se convirtió en la fuente de todos los Grotzlang que nacieron más tarde.

- Mulambo – Sudáfrica

Mumlumbo, un temible monstruo, vive en el río Mujintrava y se cree que mata a sus víctimas arrastrándose hacia el agua y devorando sus rostros hasta el cerebro. 18 metros. Su torso es el de un cocodrilo. Tiene un cuello largo y curvo y una cabeza de caballo. Se dice que se comporta como una serpiente y brilla de un verde espeluznante por la noche. Tiene ojos verdes hipnóticos y puede manipular a cualquiera que se atreva a hacer contacto visual con él. La criatura está representada en pinturas rupestres en el área que datan de hace miles de años. Una criatura muy similar a Mamlmbo se conoce como Ninki Nanka, originaria de Gambia. Mumlumbo fue identificado como responsable de varias muertes en el río Mujintrava en 1990, pero los funcionarios no estaban convencidos de que la criatura fuera responsable de estos eventos.

- Naga - África del Norte

Naga es un término común utilizado por los pueblos del norte de África, Asia y Polinesia para describir las serpientes marinas gigantes que normalmente se parecen a estos reptiles rastreros, especialmente a las cobras. Naga significa "serpiente" o "cobra" en sánscrito. Los nagas (tanto en singular como en plural) suelen ser en parte animales y en parte humanos. Por lo general, combinan un cuerpo de serpiente con una cabeza y un torso humanos. Estas criaturas son mágicas y muy agresivas. Hacen todo lo posible para aterrorizar y devorar a los marineros que se les acercan. Los nagas son especialmente conocidos en la mitología hindú y budista.

- Nyaminyami-Zambia

Nyami Nyami es la poderosa deidad con forma de dragón del río Zambezi, el cuarto sistema fluvial más grande de África. El dios es antiguo, pero la historia más reciente, incluido su nombre, se remonta a mediados del siglo XX y se puede encontrar en el edificio de la presa de Kariba. La gente de Batonga, desplazada por la construcción de la represa en 1956, creía que Nyami Nyami detendría la construcción y les permitiría regresar a sus tierras ancestrales. Solo un año después de que comenzara la construcción, se produjeron inundaciones devastadoras que mataron a varios trabajadores y destruyeron lo que se había construido en las paredes de la presa. Los afligidos tuvieron que esperar varios días para recuperar el cuerpo hasta que los ancianos de Batongan les dijeron que Nyami Nyami entregaría el cuerpo solo después de que se le hiciera un sacrificio. Un becerro fue sacrificado para él y dejado en la orilla del río. Al día siguiente, se encontró el cuerpo de un trabajador en el lugar donde había sido depositado el cuerpo de la ternera desaparecida.

Dioses y diosas del África

Algunos de los dioses más poderosos del continente africano son:

- Anansi Ghana

Anansi es el más famoso de los dioses africanos. Suele representarse como una araña. Se le considera el dios embaucador más importante de África Occidental y el Caribe.

Hay cientos de historias de las acciones de Anansi (y las malas acciones) al tratar de forzar a la humanidad a sus nefastas intenciones. Debido a esto, Anansi es conocida por su persuasión, astucia, encanto e inteligencia. También personifica la codicia y el materialismo. Según algunas fuentes, la historia de Anansi ha sobrevivido hasta el día de hoy porque fue vista como un medio de acción destructiva y resistencia entre los Ashanti esclavizados y otros africanos en el Nuevo Mundo. Algunos dicen que Anansi fracasó repetidamente, pero también sabemos que planeó, continuó esforzándose por ganar la pelea y dio esperanza a los esclavos que buscaban la libertad. La historia típica de Anansi trata sobre cómo trajo la historia al mundo al negociar con el dios creador Nyame y llevar a cabo tareas aparentemente imposibles a través de su encanto y habilidad para hablar. Me convertí en un dios de las historias. En otra fábula, Anansi accidentalmente difundió la sabiduría por todo el mundo cuando dejó caer la urna que contenía toda la sabiduría en el mar, en un río que se extiende por todo el mundo. Por eso, dicen, todo el mundo tiene un poco de sabiduría.

- Huveane – Sudáfrica

Algunas historias dicen que Huveane fue el primer hombre, mientras que otras lo retratan como un dios tramposo astuto. Como creador del mundo, se dice que Huveane admiró en silencio su trabajo hasta que la gente descubrió, por así decirlo, "flores y abejas". Una serie de eventos de este descubrimiento dieron como resultado que Huveane fuera desterrado de la Tierra.

Caminó por los aires sobre sus pies y ascendió al cielo. Huveane protegió su paso y borró el camino detrás de él escalando las estrellas para que ningún humano lo siguiera.

- Kaang - al sur del continente africano

Los bosquimanos (también conocidos como carpa o san) son históricamente pueblos nómadas del sur del continente, pero la mayoría de ellos se han convertido en agricultores en los tiempos modernos. Según la leyenda, Khan es el creador/destructor de la tierra y de todos los seres vivos. Se dice que la esposa de Khan produjo el primer eland (antílope africano). Eland fue cuidadosamente cuidado por Dios hasta que sus hijos mataron accidentalmente a un animal. Khan ordenó hervir la sangre de Eland. El residuo resultante se esparció por la llanura. De esta cuerda brotó más eland, así como otros animales terrestres que la tribu koi creía que estaban hechos para ser cazados y comidos para asegurar su supervivencia.

Leyendas vivientes de África

- Mojjaj – Sudáfrica/Zimbabwe

La dinastía Mojjaj (con varias grafías) tiene una historia larga y complicada, pero comenzó oficialmente en 1800 con la coronación de la primera Reina de la Lluvia Mojjaj, Maserekwane Mojjaj I.

Las Rain Queens son todas descendientes de esta

familia real. El título es hereditario y se transmite de madre a hija. La Reina de la Lluvia tiene el poder mágico de provocar grandes inundaciones e históricamente ha sido consultada por líderes tribales como el rey zulú Shaka y el expresidente sudafricano Nelson Mandela. La reina de la lluvia más joven jamás coronada fue Makobo Caroline Mojaj VI en 2003 a la temprana edad de 25 años. Murió misteriosamente dos años después, dejando una hija de cinco meses que heredó el título. La reina Makobo era vista como una persona rebelde y "molesta" que hacía alarde de sus tradiciones y se negaba a inclinarse ante el Consejo de Ancianos.

Nigeria

Nigeria es el país más densamente poblado de África, seguido de Etiopía. Nigeria tiene una población completa (alrededor de dos tercios de la población total de los EE. UU.) en un área apenas un 30 % más grande que Texas.

Esta densidad de población implica mucho contacto personal entre los residentes, situación que puede derivar en una vida estresante. Las poblaciones densamente pobladas suelen tener mucho cuidado en respetar las fronteras nacionales y adherirse a las convenciones sociales. Lograr esto requiere el desarrollo de muchas prácticas ritualizadas, incluidas las supersticiones. ¿Qué son las supersticiones, sino prácticas ritualizadas ligadas a cuentos didácticos?

Estas historias dan a las personas razones lógicas para seguir los rituales. Los nigerianos son considerados las personas más supersticiosas de África. Estas son algunas de sus creencias.

- Si tropieza con una roca con el pie izquierdo o tropieza o se cae, tendrá que regresar de su viaje y volver a casa. De lo contrario, se producirán desgracias, como la posibilidad de perder una extremidad o incluso morir en el camino.
- Si alguien te pisa, esa persona debe retroceder como si te hubiera pisado a ti.
- Golpear a una persona con una escoba la dejará indefensa a menos que tome la escoba y devuelva 7 golpes.
- No silbar por la noche ni sacar agua de un pozo. Se cree que el silbido nocturno puede atraer a las serpientes, pero buscar agua en los pozos en la oscuridad puede provocar apariciones violentas de espíritus malignos. Puede tener su origen como una "medida de seguridad", un elemento disuasorio para las personas que podrían caer en un pozo. Por otro lado, los peligros que acechan en la oscuridad fuera de nuestros hogares son muy

reales y todavía existen en algunas partes de África. Del mismo modo, comer en la oscuridad invita a cenar a los espíritus malignos, lo que en última instancia puede conducir a la muerte.

- Se cree que el gecko de la pared común devora a los espíritus malignos que intentan invadir su hogar (además de comer muchos tipos de insectos no deseados). Estas criaturas son inofensivas para los humanos, pero matarlas puede hacer que tu casa se derrumbe. Aquí hay un hecho interesante: los geckos no tienen párpados, por lo que se lamen los globos oculares para mantenerlos húmedos y evitar que se ensucien.

- Escuchar el ulular de un búho significa que alguien en tu familia se está muriendo. Esta superstición particular prevalece en muchas culturas alrededor del mundo, no solo en África. Esta creencia puede haberse extendido a través del comercio mundial de esclavos, que fue extenso en los siglos XVII y XIX.

- Los gatos negros se consideran malvados. Una vez más, la prohibición de estos gatos es mundial. Se cree comúnmente que están asociados con la brujería y los espíritus demoníacos.

- No beba agua directamente de los cocos. Rápidamente te conviertes en un "Olodo" (idiota).

- Las palmas con picazón significan buena suerte. Esta creencia también está relacionada con el hecho de que el dinero llegará rápidamente. Por lo tanto, rascarse la palma de la mano significa "págame", y el término "rascarse" se ha convertido en jerga para referirse al dinero.

- Si se inclina hacia adelante mientras está de pie y se mira los pies, es posible que vea una bruja.

- Las mujeres embarazadas no pueden caminar bajo el sol ya que los malos espíritus del día pueden entrar al feto. Ya he leído que estar a oscuras puede traer mala suerte. Las mujeres embarazadas, obviamente, tienen que permanecer en el interior en todo momento.

- El rey no puede ni siquiera ver los cadáveres de sus parientes. Los espíritus de los muertos pueden apoderarse del cuerpo del rey y usar el estado del rey para arruinar sus planes.

- Poner Lashes en los zapatos de los padres hace que los padres olviden todos los crímenes que ha cometido.

- Si llueve, pero brilla el sol, significa que la leona está pariendo. Si llueve mientras brilla el sol, significa que los monos se casarán.

- Corta la cabeza de la lagartija y entiérrala. Búscalo después de 3 días y encontrarás mucho dinero. Ya mencionamos que no debes matar geckos, por lo que debes verificar la especie antes de comenzar a decapitar lagartijas.
- Si alguien te muerde, frota el área mordida con estiércol de pollo. De esta manera los dientes de la persona que te muerde se pudrirán.
- No coma alimentos que se hayan caído al suelo. Para entonces Satanás los habrá devorado.
- Las mujeres embarazadas no deben ir al zoológico para que sus hijos no parezcan monos (u otros animales).
- Si el pájaro hace popó sobre su cabeza, obtienes dinero.

Medio Este

En los tiempos modernos, el nombre de la región evoca imágenes de campos petroleros, grandes fortunas e inestabilidad política. Viaja 100 años atrás y descubre tumbas ocultas, ciudades perdidas y descubrimientos sorprendentes (pero controvertidos) de una civilización que asombró al mundo. Entre ellos, Egipto probablemente será el primero.

Cuando las grandes dinastías asiáticas eran jóvenes, Egipto gobernaba vastas franjas del continente africano. Eran planificadores, constructores y artesanos. Dejaron enormes y misteriosas estructuras, estatuas e ídolos de dioses y reyes hasta ahora desconocidos.

La mayor parte de lo que sabemos sobre estos pueblos antiguos fue descifrado en el siglo pasado, miles de años después de que su civilización se extinguiera. Hay una historia que contar y una historia que contar.

Sin entrar en el debate político que implica el uso del término "Oriente Medio", el término se utiliza para describir un conjunto de países que comparten una ubicación geográfica común y, a veces, un mito común compartido y una herencia común.

Al este se encuentran Egipto, Líbano, Palestina, Siria, Jordania (anteriormente conocido como "Levante"), Irak, Irán, Afganistán y la Península Arábiga. Como ya se ha mencionado, la total falta de acuerdo entre los pueblos de Oriente Medio y el pueblo de Israel, que tiene fuertes lazos políticos y económicos con Occidente, ha llevado a que este último sea considerado parte de Occidente excluido de la lista de países donde Oriente Medio. Aunque geográficamente ubicado en el Lejano Oriente, las políticas pakistaníes permiten incluir al país en el concepto de Medio Oriente.

La primera historia mitológica conocida (y que se cree que es la obra literaria más antigua que existe) es la Epopeya de Gilgamesh, escrita por los antiguos sumerios alrededor del 2100 a. Escrito y conservado en forma de tablillas cuneiformes. Esta historia, en forma épica, cuenta las hazañas y los fracasos del gran rey sumerio Gilgamesh (Bilgamesh en sumerio), de quien se dice que es dos tercios divino y un tercio humano. Gilgamesh era el rey de la ciudad-estado sumeria de Uruk. Una versión abreviada de su historia cuenta que Gilgamesh se embarcó en un largo viaje después de desafiar a los dioses y sufrir la muerte de su mejor amigo.

Fue utilizado como modelo para la Odisea, y Gilgamesh como inspiración para el personaje de Odiseo. Una de las partes más interesantes de la epopeya original son los detalles de la inundación.

· · ·

Casi todas las culturas antiguas (y muchas culturas modernas) tienen historias de inundaciones, típicamente como castigo en las que los humanos de alguna manera ofendieron a los dioses y fueron borrados de la faz de la tierra por las aguas comandadas por los dioses.

Algunos estudiosos teorizan que este mito común surge de la experiencia global del derretimiento de los glaciares al final de la última Edad de Hielo. En esta teoría, las experiencias traumáticas de las inundaciones se transmiten genéticamente de generación en generación durante miles de años.

Otro contribuyente importante a la literatura del antiguo Cercano Oriente fueron las mujeres, y se cree que una en particular llamada Enheduanna es la escritora más antigua conocida hasta la fecha. Aunque la epopeya de Gilgamesh fue escrita de forma anónima, algunas obras de la epopeya se atribuyen a Enheduanna. Vivió alrededor del 2200 a. en el Reino de Sumer donde era sumo sacerdote. Era hija del rey acadio Sargón el Grande (hijo de una sacerdotisa) y de la reina Tashultum. Bajo Sargón, Akkad conquistó y absorbió numerosas ciudades-estado sumerias, incluida Uruk de Gilgamesh (conocida como Ur en la época de Sargón).

. . .

Egipto

Quizás ninguna otra civilización ejemplifica los mitos más inusuales y extraños tan ampliamente como Egipto. Aunque el Egipto moderno es mayoritariamente musulmán, el vasto panteón de dioses y diosas de la antigua civilización egipcia (casi todos los cuales combinaban rasgos animales y humanos (una práctica conocida como licantropía)) estuvo representado en todo momento. Muestra una variedad rica y ecléctica de dioses.

Diosas y dioses egipcios

A continuación, se muestra una lista de los dioses y diosas más populares de la mitología egipcia.

- Anas

Anat era la diosa de la guerra y la esposa de Seth. Ella fue "importada" de la mitología cananea y era conocida como Anas.

- Anubis

Podría decirse que es el dios egipcio más conocido en la civilización occidental. Anubis era el dios de los muertos con cabeza de chacal. Su función era guiar a los difuntos al Inframundo, donde sus almas (que vivían en sus mentes) eran medidas por Osiris, el Rey del Inframundo.

- Busto / Bastet

Bast es una diosa protectora y, a menudo, se la representa como un gato con aretes o una mujer con cabeza de gato. Bast llegó a ser conocido por los griegos como ailuros, de donde se deriva la palabra ailurophile, que significa amante de los gatos.

La deidad generalmente se representa como un enano con la lengua fuera (mirando hacia adelante en lugar de hacia los lados como la mayoría de los dioses egipcios). Se dice que Beth brindó protección al nacer y mejoró la fertilidad.

También protegía contra las serpientes (lo que parece extraño, ya que la cobra era uno de los símbolos reales del antiguo Egipto).

- Hator

Una diosa de gran importancia, Hathor es la protectora de las mujeres durante el parto y la encarnación de la Vía Láctea en la Tierra. Hathor a menudo se representa como un hipopótamo y, a veces, como una vaca. Esposa del dios sol Ra y madre del dios faraónico Horus.

- Horus/Infierno/Hor

Horus, quizás la deidad más venerada del antiguo Egipto era el protector de los faraones, el modelo a seguir para los jóvenes y el rey de la región negra de Egipto (país rico).

Horus siempre se representa como un hombre con cabeza de halcón, el ave sagrada del faraón. Horus tenía muchas facetas, como Horus el Vengador, Horus Señor de las Dos Tierras y Horus Behudeti.

Horus es hijo de Osiris e Isis, formando la Tríada de la Sagrada Familia. Su nombre significa "el que está arriba" y "el que está lejos". El halcón ha sido adorado desde tiempos inmemoriales como un dios cósmico cuyo cuerpo representa el cielo y cuyos ojos representan el sol y la luna. Horus se representa como un halcón que lleva una corona con una cobra, o la doble corona egipcia. La cobra encapuchada (uraeus) que llevan en la frente los dioses y los faraones simboliza la luz y la realeza. Existe para proteger a las personas del daño. Cuando Horus era un bebé, su padre fue asesinado por Seth, el hermano de Osiris. Para proteger a su hijo de cualquier daño, Isis escondió a Horus en los pantanos del Nilo para protegerlo de serpientes venenosas, escorpiones, cocodrilos y animales salvajes. A medida que Horus creció, aprendió a defenderse del peligro y se volvió lo suficientemente fuerte como para luchar contra Seth y reclamar el trono de Egipto, su legítimo heredero. Un título real, asociado con la personificación del poder divino y la autoridad real.

Se creía que los reyes eran descendientes de Horus, a quien se consideraba el primer rey divino de Egipto.

- Isis

Isis, la diosa más grande del panteón egipcio, era la hermana/esposa de Osiris y la hija de Geb y Nut. Isis influyó en muchos aspectos de la vida egipcia, incluida la cerveza, el viento, la abundancia, el cielo y la magia. Se le atribuye la resurrección de Osiris y el nacimiento de Horus, el protector de los faraones. Isis generalmente se representa como una mujer hermosa que lleva un tocado de disco solar.

- Nate/Nate/Red/Tejido

Nate, una de las diosas más antiguas de Egipto, es anterior a las grandes dinastías egipcias (antes del 5000 a. C.). Nate generalmente se representaba como un tejedor de tela (especialmente las vendas que envolvían a las momias) y se asociaba con la diosa griega Atenea. A veces lleva la corona roja del Bajo Egipto. Neith es una de las pocas deidades que no está asociada con los animales.

- Osiris

Osiris era el rey del inframundo y el padre de Horus.

Por lo general, se lo representa como un faraón coronado con cuernos de carnero, sosteniendo un bastón y un mayal (cetro del faraón), y envolviendo la parte inferior de su cuerpo con vendas de momia. Su piel a menudo está pintada de verde. Osiris, también conocido como Uthir, es uno de los dioses más importantes del antiguo Egipto. El origen de Osiris es desconocido. Pudo haber sido la deidad local de Busilis en el Bajo Egipto y la personificación de la fertilidad en Chthon (inframundo). 2400 a.C. Sin embargo, está claro que Osiris desempeñó un papel dual en el año aC.

. . .

Era el dios de la fertilidad y la personificación de los reyes muertos y resucitados. Este papel dual se combinó con el concepto egipcio de la realeza divina. Cuando el rey murió, se convirtió en Osiris, el dios del inframundo. El rey vivo, hijo del rey muerto, se identificaba con Horus, el dios del cielo. Entonces Osiris y Horus eran padre e hijo. La diosa Isis era madre de reyes y por tanto madre de Horus y consorte de Osiris. El dios Seth fue visto como el asesino de Osiris y el enemigo de Horus. Según una versión del mito compilada por el escritor griego Plutarco, Osiris fue asesinado o ahogado por Set, quien destrozó su cadáver en 14 pedazos y lo arrojó a través de Egipto. Finalmente, Isis y su hermana Nephthys encontraron y enterraron todas las partes excepto el falo, lo que le dio a Osiris una nueva vida.

Su hijo Horus luchó con éxito contra Seth, vengó a Osiris y se convirtió en el nuevo rey de Egipto.

- Ra/Re

Ra era el dios del sol y el dios de todo. Es el mentor de Horus, a veces representado como un hombre con un disco solar en la cabeza y, a veces, como un hombre con cabeza de halcón (que puede confundirse con Horus).

Era el patrón del sol, el cielo, la realeza, el poder y la luz.

. . .

Dios no solo controlaba las acciones del sol. También podría ser el sol físico mismo, no solo el sol. Aunque tenía muchas formas literales, Ra se expresaba de manera diferente cuando se combinaba con otros dioses. Asociado con Amón, uno de los grandes dioses creadores desconocidos, se convirtió en Amón Ra, que representa el poder universal puro del Sol. Al fusionarse con Horus, se convirtió en Ra Horakti, o "Ra Horus en el horizonte". Horus representó a Ra en forma humana como el faraón egipcio. Ra también podría tomar la forma de su feroz hija Sekhmet y su amada hija Hathor. Movió el sol por el cielo como un escarabajo Khepri, recuperándolo del inframundo en una barcaza mítica. Los egipcios eran una sociedad agrícola que habitaba en el desierto, por lo que no sorprende que el sol, o Ra, fuera una parte integral de su universo, guiando sus pensamientos y acciones.

- Seth/Set/Seti

Seth era el dios del caos y el hermano/asesino de Osiris. Set era el rey de la región roja (desierto) de Egipto y un agente de las tormentas. Por lo general, se lo representa como varios animales compuestos. En particular, el hombre con la cabeza de una criatura desconocida (posiblemente ahora extinta) llamada "Bestia de Set" o "La

Bestia de Typhonia". Se asemeja a un oso hormiguero de oreja de burro.

Monstruos míticos de Egipto

Además de los dioses, Egipto tuvo que enfrentarse a una serie de monstruos.

- Amit el Devorador de Muertos

Esta criatura (como gran parte de la mitología egipcia) era una quimera, una mezcla de partes de varios animales.

Se dice que Ammit tenía la cabeza de un cocodrilo, la parte delantera de un león y la parte trasera de un hipopótamo.

La tarea de Ammit era alimentarse de los corazones de aquellos a quienes Osiris consideraba indignos y arrojar las almas de los desafortunados al fuego del Limbo.

- Apep, Enemigo de la Luz

Se dice que Apep, representado como una serpiente gigante, lucha contra Ra todas las mañanas y compite por el control del día. El sol naciente era una señal de que Ra derrotó a la serpiente nuevamente.

- Bennu, dios de las aves

Considerado por algunos eruditos como el origen de la leyenda del fénix, Bennu era un pariente de Ra y el espíritu que dio vida a toda la creación. A menudo representado como un ave migratoria parecida a una grulla. Bennu también se asocia con la regeneración y la renovación.

- Grifo de agua

Aunque se ha perdido su origen exacto, el grifo se menciona tanto en los antiguos textos persas como en los egipcios. El grifo es una quimera con cabeza, alas y garras delanteras de águila y cuerpo de león. Esta criatura simboliza la realeza, la guerra y el almacenamiento (especialmente el tesoro).

- Maat

Ella no es necesariamente un monstruo o una diosa. Maat era la hija del dios sol Ra y representaba la justicia, la bondad, la armonía, la verdad y la equidad. Ma'at no solo era una diosa, sino también un concepto similar a la "Fuerza" en las películas de Star Wars™.

Maat era la armonía cósmica y el orden natural que une todo. Eran el ciclo interminable de la crecida del Nilo, la continuación del poder faraónico, la antítesis cósmica del Isfet (Caos). Era el deber del Faraón mantener Ma'at para su pueblo y reino. Maat una vez fue representada como una pluma de avestruz, o una mujer con plumas en el cabello.

Era una de sus plumas presionada contra el corazón de una persona recientemente fallecida en el inframundo. Si el corazón pesaba más que las plumas, el corazón se consideraba sin valor y se entregaba al Ammit, pero el desafortunado Las almas de los muertos se arrojaban en el pozo de fuego.

- Serpopardo

Esta quimera constaba de la cabeza y el cuello de una serpiente y el cuerpo de un leopardo. El significado de esta criatura se ha perdido en la historia, pero su imagen aparece en el arte egipcio y mesopotámico que data del año 5000 a.

. . .

Algunos eruditos creen que es un símbolo de caos e inseguridad, mientras que otros creen que puede estar asociado con la unión masculina y la masculinidad.

- Ureus, Faraón la gran cobra

La imagen del ureus criador de cobras está profundamente arraigada en la historia del antiguo Egipto. La cobra se asoció con la antigua diosa Wadjet, que gobierna el Bajo Egipto y simboliza la fertilidad en el delta del Nilo. Casi al mismo tiempo en la historia, la diosa de la fertilidad del Alto Egipto era conocida como Nekhbet, y su símbolo era el buitre blanco. Alrededor del año 3000, los reinos del Alto y Bajo Egipto se unieron en una sola nación y, como señal de reconciliación, la nueva "doble corona" del faraón presentaba una cobra y un buitre. El nombre egipcio de la doble corona era "Psent".

Diosas y dioses del Medio Este

Una nota sobre los dioses y diosas del Medio Oriente: Históricamente, el Medio Oriente ha sido (y sigue siendo) una amalgama de diversas prácticas culturales. No es raro que ciertas deidades hayan ganado popularidad en diferentes países en diferentes momentos de la historia. Los nombres pueden cambiar con frecuencia, escribirse de manera diferente o tener diferentes atributos divinos. Para simplificar, incluimos la mayoría de los dioses y diosas en una lista, dándoles varios nombres y atributos. También tenga en cuenta que las deidades presentadas aquí tienen (en su mayor parte) influencias preislámicas y precristianas.

Las raíces del judaísmo se encuentran debajo de estos dioses.

- Ahriman/Akuman/Ako-Mainyu/Angra Mainyu/Anra Mainiiu – zoroastrismo

Ahriman era el portador de todo mal y el némesis del demonio Ahura Mazda. Un demonio señor supremo oscuro y repugnante, fue la inspiración de Satanás. Luchó contra Ahura Mazda en la batalla final al final de los tiempos.

- Ahura Mazda/Ahuramazda/Ormazd/Ormizd/Mazda/Oromasdes – zoroastrismo

Ahura Mazda fue el creador supremo del universo, el dios de la luz y la verdad, y la fuente de todas las cosas buenas.

. . .

Esta deidad llegó a ser conocida como Mitra por las legiones romanas que apoyaban celosamente su culto en Roma, Inglaterra.

El zoroastrismo es una religión antigua anterior al judaísmo y al cristianismo que floreció en la antigua Persia (ahora Irán) y sus alrededores. Fue fundado por Zaratustra (también conocido como Zaratustra) y ha sobrevivido hasta el día de hoy, a pesar de que casi todas sus escrituras se perdieron en el incendio de la Biblioteca de Alejandría.

Su idea de un solo Dios y la eterna lucha entre el bien y el mal tuvo un impacto duradero en el desarrollo posterior del judaísmo y el cristianismo, y fue asistido por Amesha Spenta (Espíritu del Bien) quien fue el mediador entre Ahura Mazda y la humanidad.

Había siete de ellos, cada uno con una función asignada: Ameretat (inmortalidad), Spenta-Armait (devocional), Asha-Vanishta (verdad), Haurvatat (fuerza), Khshathra-Vairya (compañero perfecto), Sraosha (obediencia) y Vohu-Manah (corrección de pensamiento).

- Anahit - armenio

La diosa de la fertilidad, la sabiduría, la curación y el agua, Anahit, al igual que Anahita (persa), comenzó como una diosa de la guerra y fue considerada una benefactora de la humanidad.

- Anath/Astarte/Ashtoreth - Canaan/Fenicia

Anat, la diosa de la fertilidad y la sexualidad, la diosa de la guerra y la hermana/esposa de Baal, a menudo se representaba como una vaca (una antigua práctica del culto al toro en las escrituras cristianas) y posiblemente como una vaca (en relación con el desarrollo de la creencia hindú de que los cielos son sagrados), se vio obligada a buscar la ayuda de El (el dios creador que pudo o no haber sido antepasado del dios hebreo Yahvé) para convertirse en la diosa Anat.

También se cree que Ishtar está asociada con la diosa de la luna Sin/Nanna, aunque los babilonios la conocían como Ishtar.

- Aramazd armenio

Aramazd era la deidad suprema y creadora, patrona de la lluvia, la fertilidad y la fecundidad. También fue padre de varios dioses, entre ellos Anahito (diosa de la fertilidad y la guerra), Mir (dios del sol y la luz del cielo) y Nane (diosa de la madre, diosa de la guerra y la sabiduría). Aramazd a veces figuraba como el esposo de Anahit. Aramazd era la versión armenia del antiguo dios persa Ahura Mazda.

- Arinna/Ariniddu - hitita

Alina era la diosa del sol. La arena brindaba protección contra guerras y desastres y aseguraba el bienestar y una buena vida mientras brillaba el sol. Su consorte era un dios de la tormenta misterioso (pero aterradoramente poderoso) cuyo nombre se perdió en la historia. Algunos eruditos creen que este dios de la tormenta fue asimilado con el dios Teshub.

- Ashur-Asiria

Ashur era el dios de la guerra con cuerpo de león, cabeza de águila y (cuatro) alas.

A veces se cree que cayó de los cielos y "absorbió" a Marduk de Babilonia, asumiendo así ese poder divino.

- Baal/Baal/Baal Hadad - Canaán/Fenicia

Baal era el dios de la guerra de las tormentas, también conocido como el "monstruo de la nube". Baal tuvo un comienzo humilde como Hadad/Rimmon, dios de las tormentas. También conocido como el "Roto" que atravesó los cielos y creó el trueno. Los babilonios lo conocían como Adad. Baal trascendió sus comienzos malvados y se convirtió en un poderoso dios de la guerra (y la explotación), mostrando un fervor de lucha cananeo. Su esposa era Anat.

- Beelzebub/Baal-Zebub/Baal-Zebul/Beelzebul/Ba'al Zevûv - Filisteos

Este ser era en realidad un demonio creado por uno de los primeros líderes judíos que calumnió al amado dios Baal, difamó su nombre y lo llamó "Rey de las moscas". Esta táctica tuvo mucho éxito, ya que realmente despreciaba a las moscas y las consideraba portadoras de enfermedades demoníacas.

- Ereshkigal/Aratu - Babilonia

Ereshkigal era la diosa del inframundo, la muerte, la oscuridad y el polvo.

Era la hermana de Ishtar, propensa a las rabietas, la melancolía y el mal humor (comprensible si eres la hermana de la bella y mágica Ishtar). Sus labios se pusieron negros cuando estaba a punto de tener un ataque. Su esposa es Nergal.

- Ishtar / Ishtar - Akkadia / Babilonia

Ishtar era la diosa todopoderosa del amor, el sexo, la fertilidad y la guerra. Cuando los acadios conquistaron Sumeria y ocuparon la mayoría de los dioses, ayudó a apaciguar a los sumerios supervivientes y a romper el dominio acadio. Ishtar a menudo se representa con una estrella de ocho puntas llamada Estrella Vespertina (contrapunto del Sol). Debido a la influencia de Ishtar, fue conocida por muchos nombres en muchas culturas. Además de la sumeria Nanna/Inanna, ella era la cananea/fenicia Astarte o Astlet, la egipcia Isis, la griega Afrodita y la romana Venus. La consorte de Ishtar era Tammuz, el dios de la agricultura y la regeneración.

- Marduk - Babilonia

Como deidad suprema, deidad de la fertilidad y líder divino todopoderoso, Marduk era el jefe del panteón babilónico, el último propietario de la Epístola del Destino y la deidad amada. Desafortunadamente para los babilonios, de alguna manera fue "robado" por los asirios, causando malas cosechas y guerras que los babilonios a menudo perdían.

Estaba pintado con un sombrero extraño que parecía un pastel de día.

- Nergal - Babilonia

Nergal, dios del inframundo, fue el toro que usurpó el trono de Ereshkigal y obtuvo la corona ofreciéndose a compartirla con ella.

- Saoshyant/Saohyant/Saošiiant - zoroastrismo

Saoshyant, el salvador y dios del renacimiento, apareció al final de los tiempos para guiar a los fieles seguidores de Ahura Mazda a un gran festín, y los seguidores e incrédulos de Ahriman perecieron en Hellfire. Él fue el precursor de Jesucristo.

- Sin/Nanna/Inanna - sumerio/acadio

Enheduanna era una sacerdotisa de la Diosa de la Luna. En el idioma semítico acadio, la diosa de la luna se llamaba Sin (Nanna o Inanna). Sin/Nanna es la deidad a la que está dedicado el famoso zigurat de Ur. Sinn/Nanna llegó a ser conocida como Ishtar para los babilonios y Afrodita para los griegos.

- Yahweh - judaísmo

Yahvé es el único Dios verdadero de los israelitas, el Dios de la Torá, el Ser Supremo y Creador. Yahvé eligió a los israelitas como su "pueblo elegido". Los israelitas no lo eligieron. Esto hizo que Yahweh fuera único entre los dioses. Era un dios vengativo y celoso que exigía obediencia y muchos sacrificios. Después de que Moisés llevó a los hijos de Israel a la libertad, después de que se pelearon, se quejaron y sucumbieron a la idolatría, Yahvé fue su pueblo elegido. Probó y atormentó a su pueblo. El Dios del Antiguo Testamento, Yahvé, se convirtió en Jehová en el Nuevo Testamento y sus seguidores difundieron el cristianismo por todo el mundo.

Monstruos míticos del medio oriente

La siguiente sección presenta los monstruos míticos más famosos del Medio Oriente.

- Al Anka - Arabia Saudita

El nombre de esta criatura, mencionado en las antiguas leyendas árabes, significa "el de cuello largo". Al Anqa'a es un animal gigante parecido a un pájaro que puede transportar casi cualquier cosa, incluidos los humanos, y posiblemente comérselos. No necesariamente "monstruos", pero las aves gigantes devoradoras de hombres suenan bastante aterradoras.

- Al Bahmout - árabe

Si bien no es necesariamente un monstruo, la bestia se describe como una ballena/toro/elefante gigante que lleva las míticas Siete Tierras en su espalda.

- Al Rukh/Roc - árabe

Otro producto de las mil y una noches, esta ave era incluso más poderosa que al-Anka, e incluso podía hacer retroceder a elefantes y rinocerontes. Al Rukh dio su nombre a la Torre Europea, un animal muy grande parecido a un cuervo con la cara y el pico blanquecinos en contraste con su cuerpo negro. Entre los antiguos persas se conocía como Sharukh (varias grafías).

- Albaricoque / Albaricoque / Imdugud / Zu - Asiria

Anzu es un águila dorada con cabeza de león que trae tormentas y vientos. Anzu participó en constantes intentos de robar las llamadas tabletas del destino (o tabletas del destino). Es completamente inexplicable por qué existió un elemento tan poderoso.

- Gin - persa, india, árabe

Hechos famosos en Las mil y una noches, los genios son criaturas mágicas que pueden tomar la forma de cualquier criatura viviente, ya sea animal o humano. Los Djinn pueden ser grandes o pequeños, pero tienen fama de ser hostiles.

- Efrit - árabe

Los efrits son criaturas demoníacas por naturaleza, pero pueden cambiar para siempre. Viven en una sociedad compleja, son inteligentes y astutos.

- Falak-Arabia Saudita

Falak es una serpiente subterránea gigante que emerge del inframundo al final de los tiempos para torturar a los pecadores.

- Ghol/Al Gohl/Ghul - árabe

Los necrófagos son demonios parecidos a zombis que acechan en los cementerios y cazan humanos. Estas criaturas son nocturnas. El nombre proviene del árabe ras al-gul, "cabeza de caníbal" (traducción correcta al inglés: "estrella del diablo").

- Golem - Cábala/judaísmo

Esta criatura un tanto familiar es una "títere", una forma vagamente humana de material inerte (a menudo arcilla o tierra) que un mago u otra entidad poderosa le da vida como un zombi. Criaturas creadas. Hechizos y rituales. Las criaturas no tienen conciencia ni mente, por lo que a menudo destruyen a sus amos. Los golems pueden ser grandes o pequeños y, a menudo, se envían para hacer el mal, pero los tamaños más grandes son más útiles.

- Hedam/Apshe - turco/Anatolia

Hedammu es un dragón marino de la mitología hurrita-hitita que tenía un apetito voraz y casi devora a la diosa Ishtar antes de sucumbir a sus encantos sensuales. Fue llamado Ilyanka por los hititas y tifón por los griegos.

- Ilyanka - hitita

Iryanka es un dragón con forma de serpiente asesinado por Tarhuna, dios del cielo y las tormentas. Tarhuna era

Terhunzu para los anatolios y Teshub para los hurritas (como Zeus para los griegos, famoso por luchar contra serpientes gigantes.

- Leviatán - hebreo

En las Escrituras hebreas, Leviatán es un monstruo marino gigante (descrito como una ballena) que pone a prueba al fiel Job. Al final es derrotado por Yahvé. Este monstruo está interrelacionado con Lotan de Canaan, Typhoon of Greece, Vritra y Jormungand of Norse. Todos son "serpientes del mundo", arquetipos que representan el caos y la dualidad del bien y el mal.

- Lilith - Babilonia/judía

Lilith es una poderosa seductora demoníaca cuyo nombre significa "monstruo de la noche" o "bruja de la noche" en babilónico. Lilith se proclama en el folclore judío como la primera esposa de Adán y está hecha de la misma arcilla que Adán en lugar de una costilla como Eva. Lilith se negó a someterse a Adán y lo dejó en el Jardín del Edén. Más tarde estuvo con el Arcángel Samael. Samael (cuyo nombre en hebreo significa "veneno divino" o "veneno divino") se convirtió en Hasatan, el arcángel de la muerte en el Talmud.

· · ·

Algunas cuentas dicen que Lilith más tarde se convirtió en una súcuba demoníaca.

- Mantícora - Persia

Las mantícoras son caníbales con cabeza de humano, cuerpo de león y cola de escorpión. La bestia pica a su presa con su temible cola y la devora con tres filas de afilados dientes.

Al igual que la Esfinge de Egipto (no es lo que pide el acertijo), las representaciones de bestias eran populares en la Europa medieval gracias a los cruzados.

- Nesnas-Yemen

Los nesnas son criaturas aterradoras que adoptan la forma de un hombre al que le falta la mitad del cuerpo. Tiene cola de cordero.

- Karin Saudita

Kareen es un tipo de doppelganger de Jinn y una criatura que existe en el reino de Jinn. Vienen y se sientan sobre tus hombros y te tientan a pecar. Se les conoce como

Fravasi en el zoroastrismo.

- Karina - árabe

El equivalente de un súcubo/íncubo, se dice que este demonio es invisible para cualquiera que no tenga una "segunda vista". Estos místicos vieron criaturas en forma de perros y gatos.

- Shabaz - Persia/Irán

Shabaz, que significa "halcón real" en persa antiguo, era un dios águila gigante que ayudó a los antiguos iraníes. Un agente del bien que luego sirvió como el emblema del estandarte real de Ciro el Grande, fundador del Imperio aqueménida.

- Súcubo - hebreo

Un súcubo era un demonio femenino (la versión masculina es un íncubo) que atraía a los incautos para que tuvieran relaciones sexuales extramatrimoniales. Los demonios solían ser encantadores y buenos para seducir presas. Las relaciones sexuales con un súcubo/íncubo a menudo eran adictivas e incluso resultaban en la muerte. Se decía que los desafortunados padres de

bebés deformes habían sido visitados por el súcubo/
íncubo.

Al igual que los hombres lobo, las criaturas wahiena son
humanos que se transforman en hienas, que pueden
caminar sobre dos piernas. Brutales y despiadados, son
mucho más grandes que las hienas normales.

2

Asia

ASIA HA PERMANECIDO aislada de Occidente durante miles
de años. Las culturas, tradiciones y mitos que se origi-
naron aquí no se ven afectados por otros eventos histó-
ricos mundiales. Según los antiguos registros asiáticos, sus
creencias comenzaron miles de años después de las creencias africanas. El Rigveda indio se remonta a alrededor
del año 2000 a. devolver. A los sumerios del Medio
Oriente se les atribuye la invención del primer alfabeto.
La mitología asiática se deriva de varias religiones poli-
teístas, y estas prácticas no se han visto afectadas por la
expansión del cristianismo hasta el día de hoy. Los mitos y
leyendas asiáticos se encuentran entre los más antiguos de
la historia. Países como China, Mongolia, Rusia, Japón y
Turquía brindan historias con temas tan básicos como los
que impregnan la mitología europea y americana. Por
ejemplo, el Ramayana es una epopeya india escrita alre-

dedor del año 300 a. escrito. Representa el heroísmo del Señor Rama y su amor por su esposa, la princesa Sita.

De China llegó El arte de la guerra, escrito por el general chino Sun Tzu/Sunzi entre los años 500 y 400 a. C. Este libro fue muy leído e influido en las salas de juntas corporativas de todo el mundo. Las Analectas de Confucio, escritas en la misma época, presentan muchas de las filosofías y construcciones sociales que aún definen la cultura y las creencias chinas contemporáneas. La inmensidad y diversidad de la tierra asiática no permite un examen riguroso de la mitología asiática en esta sección. El análisis de algunas de estas historias se limita en gran medida a los lugares más grandes o más densamente poblados.

China

Más personas viven en China que en cualquier otro país del mundo. El primer gobierno chino data de alrededor del 2100 a. llamada dinastía Xia. Las dinastías posteriores se sucedieron una tras otra hasta que la República de China las reemplazó en la Revolución Xinhai de 1911. La República Popular China fue proclamada por el Partido Comunista de China en 1949 y es el gobierno actual. La mitología china es muy rica e impregna la mitología de otros países asiáticos como Japón, Corea y Turquía. Aquí hay algunos mitos y leyendas chinos interesantes.

Monstruos míticos chinos

Hay un vasto panteón de criaturas míticas chinas. Los más interesantes son:

- DENGLONG /WANGTIANHOU / CHAOTIANHOU / HOU

Esta criatura es considerada una de las insignias más poderosas y auspiciosas de la mitología china. El hijo del Rey Dragón, Denron, puede derrotar a otros dragones con su aliento de fuego y comerse sus cerebros. Dengron incluye cuernos de ciervo, cabeza de camello, orejas de gato, ojos de camarón, boca de burro, melena de león, cuello de serpiente, vientre de Shen (criatura con forma de concha), escamas de carpa, frente de águila. Hay 10 características en las garras y las patas traseras. de tigre Dengron puede volar como un colibrí y significa paz y prosperidad en el reino. Por lo tanto, a menudo se asocia con emperadores.

- Dragon Long/Loong/Lung

Esta es otra criatura asociada con el emperador, pero solo en su forma. Los pulmones suelen tener cuatro garras y tienen características similares al denglong. Los dragones han sido durante mucho tiempo un símbolo de fuerza, sabiduría y buen carácter. Se considera un gran honor ser comparado con un dragón. Hay más de 100 dragones diferentes en la mitología china. Algunos de estos se enumeran a continuación.

- Jiaolong "Dragón Cocodrilo":

Rey y defensor de todos los animales acuáticos sin cuernos o con escamas.

- Tianlong "Dragon celestial":

un dragón celestial que guarda el palacio celestial y tira del carro de los dioses. También el nombre de una constelación.

- Draco Yinglong "Dragón que responde":

un dragón alado asociado con la lluvia y las inundaciones.

- Fuzanglong "dragón del tesoro escondido":

guardián del inframundo de metales preciosos y gemas. relacionados con los volcanes.

- Huanglong "Huanglong":

el dragón sin cuernos que representa al emperador.

- Zhulong "Dragón Vela", "Dragón Antorcha":

Dios Sol Rojo Gigante. Se cree que el cuerpo de la serpiente tenía rostro humano. Al abrir y cerrar los ojos creamos el día y la noche, y al respirar creamos los vientos estacionales.

- Chilong "Chi" en chino significa "dragón sin cuernos" o "demonio de la montaña".

Gradualmente, más y más animales míticos fueron descubiertos y registrados en leyendas populares y notas históricas.

Desde Yandi y Huangdi hasta Confucio, buenos gobernantes y gobiernos en el 134 a. C. y viceversa.

· · ·

Por lo tanto, estos animales auspiciosos se han utilizado ampliamente en ropa, joyería, decoración, arquitectura y literatura a lo largo de la historia de China. Dios tiene tres animales maravillosos, amables y auspiciosos.

- Fénix o Fenghuang

El fénix es un ave milagrosa grande y colorida cuyas alas representan cinco caracteres chinos: Virtud, Justicia, Cortesía, Misericordia y Fe.

El fénix vive en los árboles, come bambú fresco y bebe agua fría de manantial. No vive en grupos y no va a lugares sucios y caóticos.

Se notó que el fénix apareció en el mundo secular durante los reinados del Emperador Amarillo y el Rey Shun para demostrar el buen gobierno y el mundo pacífico que estos reyes trajeron a la gente. Cuenta la leyenda que el ave fénix profetizó el surgimiento de la dinastía Zhou. Poco a poco, el ave fénix pasó a ser utilizado solo por miembros femeninos de la familia real, especialmente por la reina. Hoy en día, es el representante de las mujeres bellas, valientes e inteligentes en la cultura china.

- Qilin

Qilin apareció relativamente tarde en la historia de China.

Hace unos 2.500 años, Qilin fue documentado con Confucio.

Cuando nació Confucio, apareció un animal misterioso y dejó un libro hecho de jade. En él, este bebé es la reencarnación del hijo del dios del agua, quién es moralmente elegible para ser rey, pero nunca lo será.

Este animal tiene el cuerpo de un alce, la cabeza de un león, los cuernos de un ciervo, los ojos de un tigre y la cola de una vaca.

Confucio dijo que cuando envejeciera y se encontrará con un Qilin mientras cazaba, inmediatamente dejaría de escribir y dejaría el mundo.

Qilin, Qi se refiere al hombre y Ling se refiere a la mujer, y siempre ha sido considerada una de las criaturas míticas más felices y afortunadas de China. Qilin es hermoso, suave, poderoso y nunca ataca a las personas. La gente cree que el Kirin vence la mala suerte y trae un lindo bebé a la pareja que rezó al Kirin.

Japón

Japón es un país de unas 7.000 islas, siendo Honshu la isla más grande. Los japoneses, chinos y coreanos comparten una genealogía común y muchas de sus culturas, idiomas y tradiciones son similares. De hecho, estos países son tan similares que han desarrollado un alfabeto conocido como Hanja (caracteres chinos en coreano) que combina caracteres comunes en diferentes idiomas.

El uso de kanji se ha disparado en el siglo XXI debido a la expansión de Internet. No es de extrañar que, al observar la cultura y la mitología japonesas, se puedan encontrar muchas similitudes con las tradiciones china y coreana. Por ejemplo, la superstición de que el número 4 trae mala suerte existe en Japón por las mismas razones que en China. El número 4 es muy siniestro porque la palabra '4' suena como la palabra 'muerte'. También existen extrañas supersticiones sobre el uso de ventiladores eléctricos. Esta superstición en particular se encuentra en Japón, pero también prevalece en la cultura coreana, donde se cree que dormir en una habitación sin ventilación con un ventilador te matará.

Esta creencia parece coincidir con la introducción de ventiladores de interior en Asia. Tal vez sea el resultado de la desconfianza hacia la tecnología "occidental", o simplemente una reacción a la novedad de la electricidad en general. En partes de Corea y Japón, esta superstición ha sobrevivido hasta el día de hoy. La religión sintoísta japonesa es el animismo, y todos los objetos vivos e inanimados tienen espíritus (llamados nudos musubi). Los kami (dioses) son deidades espirituales y fenoménicas adoradas. Muchos de estos espíritus están asociados con animales que juegan un papel importante en la mitología japonesa.

Dioses y diosas japonesas

En Shinto, no hay muchos dioses o diosas supremos porque los espíritus habitan en todo. Aquí están algunas.

- Amaterasu Omikami

Amaterasu es la diosa omnipotente del sol y el universo.

- Bishamón

Bishamon es el protector de la vida humana, el guerrero del mal, el portador de la buena suerte y la riqueza.

- Hachiman no kami

Hachiman, el dios de la guerra o el dios de la enseñanza de las artes marciales suele simbolizarse con una paloma (irónicamente, nuestro símbolo de la paz).

- Inari Okami

El dios del sake, el té, el arroz, la fertilidad, la agricultura y la industria, y el santo patrón de los espadachines y comerciantes, Inari suele representarse como andrógino, es decir, hombre o mujer. También se refiere a parejas de tres o cinco kami separados. Inari es el dios de los zorros, y la literatura sobre zorros es abundante. Estas historias son conocidas como kitsune (kitsune). Kitsune significa "kitsune" en japonés.

Las puertas torii rojas que se encuentran en los jardines japoneses se usaron por primera vez para marcar la entrada a los santuarios de Inari. El rojo es el color del zorro. En otro giro interesante del mito, el zorro personal de Inari (que lleva mensajes divinos y guarda santuarios) está pintado de blanco en lugar de rojo. El blanco se considera un color de la suerte.

Los Kitsune también tienen contrapartes en la mitología china (Huli jing) y coreana (kumiho / gumiho Hangul: (Hanja: zorro de nueve colas). Allí, los zorros suelen ser embusteros, trayendo tristeza y problemas a las personas estúpidas, perezosas, borrachas, honestas y difíciles. La leyenda de Hakuzosu habla de un zorro disfrazado de monje japonés.

- Kishijoten

La diosa de la suerte y la prosperidad es hermana de Bishamon (Tamon o Bishamonten) y la santa patrona/deidad guardiana de las geishas. En el antiguo Japón, Kichijoten se invocaba para la buena suerte y el éxito, especialmente en los niños. Las raíces históricas de Bishamon y Kishi Nyoten se remontan a las deidades hindúes. Kishijoten corresponde a Lakshmi en el hinduismo.

- Takehaya Susanoo No Mikoto

Takehaya, también conocido como Susanoo, el dios del mar y las tormentas es el hermano de Amaterasu y

Tsukuyomi. Según la leyenda del nacimiento de estos hermanos, nacieron mientras el gran dios Izanagi se bañaba en las inmundicias de su visita al Inframundo (Yomi no Kuni Yomi no Kuni). Amaterasu nació del ojo izquierdo de Izanagi. Tsukuyomi del ojo derecho, Susanoo de la nariz. Tsukuyomi no Mikoto.

Tsukuyomi es el dios de la luna y el hermano/esposo de Amaterasu. Curiosamente, tenga en cuenta que, en la mitología japonesa, el dios de la luna es masculino y el sol es femenino. Esto contrasta con la mitología de la civilización occidental, que a menudo presenta al Sol como masculino ya la Luna como femenina.

Monstruo mítico japonés

La mitología japonesa es tan rica y diversa como la de China. Éstos son algunos de los muchos fantasmas y monstruos.

- Yamata no Orochi

En uno de los cuentos de Susanoo, el dios del mar desciende por un río y se encuentra con una pareja de ancianos que lloran.

La pareja le dice que su única hija debe ser sacrificada a la aterradora serpiente marina Yamata no Orochi (Yata no Orochi, "serpiente gigante de ocho brazos"). Se describe que la criatura tiene ocho cabezas y ocho colas (8 es un número místico en la mitología japonesa). Su longitud equivale a ocho valles y ocho cerros, su piel está cubierta de musgo y su lomo está cubierto de abetos y cipreses. y su vientre hinchado y ensangrentado. La pareja reveló que solían tener ocho hijas, pero el monstruo apareció todos los años durante siete años, se comió a una de sus hijas y dejó solo a la última. Ahora viene de nuevo.

Susanoo dijo que, si la pareja le entregaba a su última hija en un matrimonio acordado apresuradamente, él mataría a la criatura. Se lo sujeta al cabello y le indica a la pareja cómo atrapar al monstruo, lo que requiere destilar ocho veces más licor refinado y llenar ocho barriles con él. A continuación, debes construir un recinto con ocho puertas y colocar una tina de vino frente a cada puerta. Esperan cuando todo está listo. Los monstruos aparecen de forma predecible y se sienten atraídos por los elixires mágicos.

Sumerge una de sus ocho cabezas en cada uno de los ocho barriles de las ocho puertas y bebe hasta que está demasiado borracho para ponerse de pie, momento en el que se derrumba y se queda dormido. Mientras la criatura duerme, Susanoo la destroza con su espada hasta que el río se llena de sangre.

Cuando corta la última parte de la cola de la bestia, su espada se rompe, sorprendida Susanoo examina la cola y encuentra dentro la espada de Kusanagi, una espada mística.

Yamata no Orochi es un ejemplo de un kaiju que creció en el género cinematográfico japonés a mediados de la década de 1950 y continúa hasta el día de hoy. Los Kaiju son mitos, pero no parecen tener raíces históricas en el folclore japonés.

* Yokai

Yokai es el término general para los monstruos en japonés.

Conocidos como ayakashi, mononoke o demonios, los yokai tienen raíces en el folclore, muchos de los cuales se remontan a siglos atrás.

. . .

Gashadokuro es un esqueleto gigante que vaga por la tierra en busca de presas. Cuando se encuentra una víctima, Gashadokuro muerde la cabeza y drena la sangre de la víctima en su torso huesudo. Se cree que estas criaturas son los espíritus vengativos de aquellos que murieron de hambre.

La parte superior del cuerpo es una mujer hermosa y la parte inferior del cuerpo es una araña gigante. Ella seduce a los hombres, los atrae a lugares apartados y luego los ata a la muerte atándolos con seda antes de que gotee sangre para aturdirlos, revelando que son una masa explosiva de huevos de araña, cubriendo a la víctima con cachorros de araña y veneno.

Akame es un aterrador demonio de piel roja de inodoros sucios. Se les describe con cabello grasoso, piel viscosa y lenguas largas y pegajosas que usan para devorar la suciedad de las superficies sucias.

Umibozo es una criatura gigante que vino de las profundidades del océano. Tiene forma humanoide y piel oscura, pero debido a la profundidad del agua, solo se puede ver desde la parte superior del cuerpo. Atacan a los barcos desprevenidos inundándolos con agua y ahogando a los marineros. La única forma de escapar cuando te enfrentas a una de estas criaturas es proporcionar un pozo sin fondo. Se cree que la criatura intenta repetidamente llenar el barril para darle tiempo a la nave de escapar. La palabra Umibozo significa "monje del mar" y la criatura puede ser el resultado de un monje vengativo.

Rokurokubi se asemeja a una mujer humana normal, pero tiene la aterradora habilidad de estirar su cuello hasta 20 pies de largo o, peor aún, volar con la cabeza completamente cortada. Se dice que estos monstruos nacieron como humanos y se transformaron en criaturas malvadas a través de sus propias fechorías o las fechorías de sus parientes masculinos.

Al principio, jubokko parecía un árbol ordinario que resultó ser el lugar donde se libró la guerra. El suelo estaba empapado de sangre y los árboles recogieron la sangre del suelo y se convirtieron en miserables jubokko. Cuando cortas un jubokko, sangra.

Los oni son demonios japoneses o demonios con piel roja o azul, cabello salvaje y enorme estatura. Empuñan garrotes y poseen muchas habilidades mágicas, como la capacidad de regenerar partes del cuerpo amputadas, la capacidad de cambiar de forma, la capacidad de volar, la capacidad de propagar la locura y la muerte, y la capacidad de provocar el colapso de la sociedad. también son comedores de alimentos y bebidas.

- Yurei

Los fantasmas son espíritus de varios seres míticos o naturales. La mitología japonesa está llena de espíritus. Estas son algunas de sus historias.

Bakekujira es la versión japonesa de Moby Dick. El esqueleto de esta ballena embrujada nada a lo largo de la costa de noche, seguido por grupos de pájaros extraños y peces desconocidos.

Kasaobake es uno de los espíritus más extraños. Se trata de un yokai que se ha convertido en paraguas por su centenario. Se dice que tiene una pierna, uno o dos ojos y una lengua larga y colgante. Las criaturas tienden a cazar y comerse a sus antiguos dueños.

Katakilauwa es un espíritu cerdito, que se distingue de los cerdos ordinarios por su extraño pelaje negro, una oreja y ojos rojos brillantes. Se mueve con un extraño andar rebotando y se cree que te roba el alma si queda atrapado entre sus piernas.

• • •

Los Onryo son espíritus aterradores que surgen de las almas de los muertos que albergan ira, odio y celos en sus corazones. Estos espíritus tienen "asuntos pendientes" con los vivos. Los buscan, los torturan, los vuelven locos y matan a aquellos que creen que los han agraviado.

Nopperabo es un espíritu sin rostro que se parece a un humano. Su nombre significa "monje sin rostro" y su trabajo principal parece ser asustar a la gente.

India

La civilización india comenzó hace unos 4.500 años en el vasto valle del Indo en lo que ahora es Pakistán. Esta civilización (o quizás un grupo de civilizaciones) ha sufrido numerosas invasiones de tribus del norte que han logrado cruzar la muralla del Himalaya. Los eruditos creen que el hinduismo comenzó en el segundo milenio antes de Cristo.

(Edad del Bronce Final) Desde las raíces del sistema de creencias de los pueblos del Indo.

• • •

El hinduismo, con textos que datan del año 2000 aC, es probablemente la religión practicada más antigua del mundo. Retrocede en el tiempo. y antes. El término "hinduismo" no está exento de controversia. El término fue acuñado por escritores británicos durante el período imperial y es ofensivo para algunos. Pueden ser preferibles términos como "religión védica" o "hinduismo/sanatana dharma". Alrededor del 70% de la población de la India es hindú y el 10% restante es musulmana. El porcentaje restante se divide en budismo, jainismo, cristianismo, etc.

Uno de los principios del hinduismo, si no el más importante, es la verdad. Sin embargo, los hindúes no creen que la verdad sea didáctica. En cambio, la verdad se puede encontrar en muchos lugares, y toda verdad está relacionada con el lugar, el tiempo y la cultura de la persona que la posee.

Los hindúes modernos, por lo tanto, creen firmemente en la necesidad de tolerancia y en la búsqueda de una amplia gama de conocimientos de una variedad de fuentes. La reencarnación (o más bien "reencarnación") es una creencia central en el hinduismo, especialmente en el sudeste asiático. Se cree que el alma o espíritu renace en otra forma después de la muerte. La forma que toma el alma en el más allá depende del karma del difunto determinado por las buenas o malas acciones en vidas anteriores.

. . .

Dioses y diosas hindúes

Se dice que hay dos millones de dioses en el panteón hindú, todos los cuales son adorados. Algunas de estas deidades son avatares inmortales primarios, mientras que otras pueden considerarse deidades menores que aparecen esporádicamente o en circunstancias especiales. Apariciones en la mitología hindú Estos son algunos de los dioses y diosas.

- Agni

Agni es el dios del fuego, amigo y protector de la humanidad, guardián de la casa. En los Vedas, se dedican más himnos a Agni que a cualquier otra deidad. Los padres de Agni son Aditi y Kasyapa/Kasyapa, Diaus (Padre Celestial de los Vedas) y Prithvi/Prithvi, o el mismo Señor Brahma.

- Ganesha / Ganesha

El hijo con cabeza de elefante de Shiva y Parvati, Ganesha es el señor de la inteligencia y la sabiduría, el dios que vence la suerte y los obstáculos, y es el único que muestra colmillos. Suele representarse con piel roja o amarilla y cuerpo masculino, además de la cabeza de elefante que recibió de Shiva después de que el

Destructor enfureciera y cortara la cabeza humana (representando su divinidad). Es la encarnación del "OM" original en el que se basan todos los himnos. Ganesha tiene tres esposas, que representan el equilibrio perfecto entre la bondad y la fuerza, el poder y la belleza, la verdad y la ilusión, la realidad y la irrealidad. Ganesha monta una rata que representa la ignorancia y su control sobre ella.

- Kali

Kali es una madre oscura. Un temible avatar de Shakti, Kali representa la ferocidad del amor maternal. Por lo general, tienen la piel azul o negra, cuatro (a menudo ocho o diez) brazos, una lengua larga y protuberante, ojos rojos y sangre en la cara y el pecho. Cada una de sus manos sostiene un arma temible, generalmente una espada de algún tipo. Sus aretes son cabezas humanas cortadas y alrededor de su cuello hay un collar de 50 cabezas (cada una representa una letra del alfabeto sánscrito). Su falda consiste en brazos y manos humanos amputados. Se la puede ver parada sobre el cuerpo de su esposo Shiva.

Shiva se arrojó a sus pies para evitar que él se arrojara a sus pies para detener su furia asesina. Tiene tres ojos para ver el pasado, el presente y el futuro (Kala significa "tiempo" en sánscrito). Se dice que los adoradores de Kali tienen una relación cercana con la Diosa y la aman como a una madre.

- Lakshmi

Diosa de la belleza, la luz, la felicidad y la riqueza, Lakshmi es la consorte de Vishnu y Shakti (energía divina), reencarnando con Vishnu en cada encarnación de Vishnu. Rukmini para Krishna. Lakshmi se representa como una hermosa mujer de piel clara con cuatro brazos (un signo de divinidad) de pie o sentada sobre un padma (loto sagrado). Suele ir acompañada de uno o dos elefantes que le echan agua de mar encima. Fue levantado del mar de leche por Indra, el dios primordial de la guerra, quien, con la ayuda de otros dioses, agitó el mar para extraer los tesoros del mundo de sus profundidades. Se le ve a menudo masajeando sus pies.

Lakshmi ha inspirado a diosas en muchos otros países, incluidos Vazdhara en Nepal y el Tíbet, Dewi Sri en Bali (Indonesia) y Kishijoten en Japón. Lakshmi monta un búho.

- Parjana / parjanya

Como dios de la lluvia, las tormentas eléctricas, los relámpagos y los monzones, Parjana gobierna sobre la reproducción de todas las plantas y seres vivos, aunque se debate si originalmente era un dios de la lluvia o un dios del trueno. Se le compara con el dios lituano del trueno Perknas y el dios nórdico Thor. Parzhanya es el marido de Prithvi (Bumi) que personifica la tierra y la vaca sagrada Vasa, cuya leche representa la lluvia. Está asociado con el dios védico Varuna (dios del cielo) como un dios de las nubes. Parjanya parece un hombre de piel clara con cuatro brazos sobre una flor de loto. Ella usa aretes de oro y una gran corona de oro con un halo de arcoíris detrás. A menudo sostiene flores de loto en sus manos. También es la diosa del cielo y uno de los doce Adityas, hijos de Aditi, la madre de los dioses. Suraya (el Sol) es la cabeza de Adityas y puede compararse con los signos del zodíaco en la astrología occidental. Cada Aditya brilla en un mes diferente del año. En Parjanya es el mes de Kartik.

- Parvati

Parvati no es solo la esposa de Shiva, sino también la Shakti (energía vital) que dio a luz a Ganesha, Karitokeya (Dios de la guerra) y Ashokasundari (Diosa de la imaginación).

. . .

Parvati es la diosa madre del hinduismo. Rige la fertilidad, el matrimonio, el amor, la belleza, los hijos y la devoción (especialmente la fidelidad conyugal). Kali es el lado temible de Parvati que representa el amor maternal. Parvati es el modelo de Tara en el budismo tibetano y nepalí, Cibeles en la mitología grecorromana y Vesta en la diosa griega.

Es el aspecto nutritivo de la suprema diosa hindú Devi. Junto con Lakshmi y Saraswati, Parvati forma Tridevi, la trinidad divina de diosas que complementan y asisten a Trimurti en la creación, preservación y reciclaje del universo. Parvati montando al león Dawon.

- Sarasvati

Saraswati es la esposa de Brahma y diosa del conocimiento, el aprendizaje, la sabiduría y las artes. Es el dios creador Shakti y pertenece a Tridevi. Es el origen de Anahita en la antigua Persia, Athena/Minerva en la antigua Grecia y Roma, y Benzaiten en Japón. Es la hermana menor del destructor Shiva y monta cisnes y pavos reales.

- Surya

El sol y el dios del sol Surya es el hijo mayor de Aditi (madre de los dioses) y su esposo Kasyapa, un venerado sabio védico. Surya conduce un carro dorado tirado por siete caballos blancos hacia el cielo (antes de Apolo).

Monstruos mitológicos hindúes

Así como hay legiones de dioses, hay legiones de monstruos.

Estos son algunos de los monstruos que aparecen en la mitología hindú.

- Almas/Alma - Mongolia

Esencialmente un Bigfoot mongol, Armas es un humanoide cubierto de cabello que no puede hablar. Habita el Cáucaso y las montañas de Altai en la región. La versión china es Yellen. India, Mande Barang. El de Sumatra es el Oranpendek. Los paquistaníes son Balmanu. Los tibetanos son Yeti y los nepaleses son Mete. Estados Unidos tiene Bigfoot.

- Apsoni - Tailandia

Los apsonshi son criaturas mitad mujer mitad león (también Apsarasingha y otros hechizos) que viven en los legendarios bosques de Himabanta del Himalaya. Se les considera protectores del daño y, a menudo, se les ve vigilando los templos budistas.

- Kala - hinduismo

Un monstruo que encarna el tiempo, Kala es un aspecto de Shiva, el Dios de la Destrucción. También se le considera una de las principales formas de Vishnu en los Vishnu Puranas. Carla es una mensajera del Shinigami Yama. Batala Kala es un dios de la destrucción en la mitología javanesa, representado como un gigante gigantesco y poderoso.

- Kalávika - budismo

Karavica es una criatura inmortal con una cabeza humana en el cuerpo de un pájaro y una larga cola que fluye. Canta en el huevo con una hermosa voz que se dice que imita la voz de Buda. Similar al coreano Inmyeonjo.

- Kinnara - hinduismo

Más que humano y menos que la mitad de un caballo, Kinnara es un músico celestial. En el sudeste asiático, Kinnara (hombre) y Kinnari (mujer) son deidades mitad humanas, mitad pájaros, amorosas y benévolas. Habita en el Himalaya y, en caso de emergencia, sobrevuela a los humanos y los protege. Kinaris es una famosa cantante, bailarina y poeta. Simbolizan los atributos femeninos tradicionales de belleza y gracia en el arte.

- Kirtimukha - hinduismo

Kirtimka es un monstruo aterrador con enormes colmillos y una enorme boca. Más que un monstruo mítico, es un motivo que se encuentra en edificios y artes decorativas. Su nombre significa "rostro de gloria" y representa la codicia.

Es un arquetipo llamado "God Eater". Un símbolo similar es Simhamka (cara de león).

- Makara - hinduismo

El vehículo (vahana) de la diosa Ganga y el dios del mar Varuna, Makara es la mitad delantera de un animal terrestre (generalmente un ciervo o elefante) y la mitad trasera de un pez o foca, a veces una serpiente o una flor. Este es el equivalente astrológico hindú de Capricornio en el zodíaco occidental. Los makaras (singular y plural) protegen las entradas de los templos y se utilizan como motivos para otras deidades hindúes como Shiva y Surya. La personalidad de Makara es la de un cocodrilo.

- Gusano de la muerte mongol - Mongolia

Es un gusano gigante, de aproximadamente 1,5 metros de largo, parecido a los intestinos de una vaca. Vomitan ácido sobre cualquiera que se les acerque. Muerte instantánea si se toca.

- Penanggalang - Malasia

Un monstruo feroz que prefiere a los recién nacidos (bebés humanos), durante el día parece una mujer normal, pero por la noche su cabeza se desprende y vuela en busca de víctimas, especialmente embarazadas. Debe arrastrar tripas humanas en vuelo, limpiarlas con vinagre y devolverlas a su cuerpo al amanecer. El olor a vinagre lo envuelve.

- Payanaga - Laos

El Paya Naga es un dragón de agua benigno que vive en el río Mekong y vigila las ciudades a lo largo del río. El Paya Naga puede disparar bolas de fuego por la boca y también es conocido en Camboya, Vietnam, Birmania y

Tailandia.

- Shesha/Shesanaga/Adishesha - hinduismo

Rey de todas las serpientes y sirviente de Vishnu, Shesha es uno de los seres originales del universo. Los Puranas lo describen sosteniendo objetos cósmicos con mil capuchas y cantando alabanzas a Vishnu desde mil bocas. Shesha nada acurrucada en el vacío del espacio, a veces en el mar primordial. Cuando Shesha despliega sus espirales, el tiempo avanza. Cuando vuelves a acurrucarte, el tiempo y el espacio desaparecen. Shesha significa "lo que queda".

- Betala - India

Vampiros por naturaleza, son humanos muertos que caminan por la tierra debido a la falta de ceremonias funerarias adecuadas. Vetal (singular), reconocible por sus extremidades que miran hacia atrás, puede ver hacia adelante y hacia atrás en el tiempo y puede usar este conocimiento para confundir a sus víctimas. El vetala puede ser esclavizado para actuar como guardián o asistente del mago, y se sabe que mata a niños y mascotas.

Supersticiones indias

. . .

Dada la gran variedad de deidades y muchas tribus que componen el pueblo de la India, no es de extrañar que allí hayan surgido una gran cantidad de supersticiones. por ejemplo:

Se dice que colgar un limón (llamado Nimbu Totka) con exactamente siete pimientos ahuyenta a los malos espíritus y a Alakshmi, el dios de la desgracia. Parece haber alguna base para la efectividad de esta tradición. Las frutas cítricas y los chiles contienen grandes cantidades de vitamina C. La vitamina es absorbida por los hilos de algodón que penetran en la fruta cuando se ensarta, y se dice que se libera en el aire. Se ha demostrado que la vitamina C es beneficiosa para promover la salud de los pulmones y el sistema inmunitario. Además, el aroma cítrico mantiene alejados a los insectos y otras plagas (así es como funcionan las velas de citronela). Ducha después del funeral. Tiene perfecto sentido. La descomposición del cuerpo libera varias toxinas y bacterias en el aire que pueden contaminar a los dolientes.

Tirar una moneda a un manantial sagrado o agua para purificar. Históricamente, muchas monedas contenían cantidades significativas de cobre, un elemento metálico químicamente reactivo. El cobre actúa como un tratamiento químico para los suministros de agua, matando las bacterias y proporcionando los elementos necesarios para una buena salud, haciéndola más segura para beber. No te cortes el pelo y las uñas el sábado.

Se cree que esto enoja a Saturno (Shani) y trae mala suerte. Aparentemente, el planeta tiene una voluntad propia que no conocemos.

Los gatos negros también traen mala suerte, ya que el negro es el color de Shani. Evita el número 8. De nuevo, Shani gobierna el número 8 y todo lo relacionado con Shani parece condenado al fracaso.

Mantén una cebolla (¡y un cuchillo!) debajo de tu cama para evitar pesadillas. Esto generalmente se hace debajo de una cuna para que el niño pueda dormir cómodamente. Si no puedes oler el monstruo de la pesadilla, es posible que tengas que pinchar. Curiosamente, se dice que la cebolla debajo de la almohada garantiza los sueños de tu futura pareja. Sacudir los pies ahuyentará tu riqueza. Tal vez sea porque estoy sacando monedas sueltas de un agujero en mi bolsillo. No barra el piso por la noche. De lo contrario, Lakshmi saldrá por la puerta. Se dice que a esta diosa le gusta visitar los hogares por la noche (especialmente entre las 6 y las 7 de la tarde), limpiándolos y evitando que entren.

Los excrementos de cuervo traen buena suerte. En el hinduismo, varios animales son considerados sagrados, y se dice que ver excrementos de cuervos traerá buena fortuna.

La palabra hindi para este bono es Raab. Love es uno de los hijos de Ganesh, el dios hindú de la fortuna. Agregue rupias para la buena suerte. Si está donando dinero, asegúrese de que la cantidad termine con un "1". Los números impares son mejores que los números pares, especialmente el número 1. Los pies planos dan mala suerte. Una suegra india puede verificar si una novia tiene los pies planos, ya que se cree que una esposa con los pies planos enviudará.

Kohl protege contra el mal de ojo. El concepto indio del mal de ojo se llama Brynazar, lo que significa que siempre que suceden cosas buenas, es probable que sucedan cosas malas.

Se dice que aplicar Kajal tikka (frotis) en la frente y las mejillas de su bebé evitará el mal de ojo. Asegúrese de que la cabecera de la cama no mire hacia el norte para prevenir enfermedades cardiovasculares. Esto tiene algo que ver con el campo electromagnético de la tierra. Después de derrotar a la serpiente, aplasta su cabeza para evitar que la cabeza cortada te muerda. Lo creas o no, es un hecho. Según National Geographic, las serpientes tienen músculos reflejos que pueden permanecer activos hasta una hora después de que les cortan la cabeza y la serpiente está oficialmente "muerta". Durante este tiempo, se puede morder la cabeza para inyectar veneno. La buena suerte vendrá si cubres el suelo con estiércol de vaca. Las vacas son sagradas en la India y todo lo relacionado con ellas se considera auspicioso.

También se dice que las heces repelen insectos y reptiles. India tiene muchas de estas cosas, así que esto es útil. Esta práctica comenzó antes de la llegada de los limpiadores químicos modernos y continúa en algunas partes del país.

Nota: Una palabra sobre sati (también conocido como sati): esta notoria práctica de quemar viva a la viuda o amante del difunto en el mismo crematorio fue prohibida oficialmente el 3 de enero de 1988 luego de un incidente el año pasado en un campo de arroz. Esta práctica está prohibida por la ley, pero todavía se está haciendo.

3

Las Américas

Las civilizaciones históricas de las Américas descienden directamente de Asia. Las personas emigraron de Asia continental a las Américas al final de la última Edad de Hielo a pie o en barco a través de puentes terrestres en el Mar de Bering. Tomaron barcos a lo largo de la costa oeste de América desde la actual Alaska hasta la Patagonia.

Debido a su aislamiento físico, la civilización de las Américas permaneció "primitiva" mientras que el resto del mundo entró en la Edad del Hierro. Esto no impidió que la civilización estadounidense desarrollara ricas tradiciones culturales y políticas y mitos fascinantes.

· · ·

Esta sección examina la historia de las Américas por región, comenzando con América del Norte (Canadá y Estados Unidos), terminando con México y América Central y terminando con América del Sur.

A lo largo del recorrido, se le presentará el fascinante folclore y la mitología de las culturas y pueblos de las Primeras Naciones y los nativos americanos. Hay muchas posesiones y territorios dentro y alrededor de estas regiones que pertenecen a países fuera de la región (por ejemplo, Groenlandia pertenece a Dinamarca y las Islas Vírgenes son compartidas por el Reino Unido y los Estados Unidos de su geografía.

Asociar países inuit (como Alaska) con Canadá en lugar de Estados Unidos puede resultar confuso. Sin embargo, en su mayor parte, las tradiciones de los nativos de Alaska no se alinean con las tradiciones de los nativos americanos en los Estados Unidos continentales.

Los nativos americanos, o Primeras Naciones, descendieron de un grupo de personas que teóricamente cruzaron el puente terrestre desde el este de Rusia y Asia hasta América del Norte hace unos 20.000 años. Algunos de sus mitos comparten detalles con los de los nativos de Alaska.

. . .

Canadá

La cultura canadiense está influenciada principalmente por las conquistas británica y francesa, pero también por los inmigrantes y los pueblos indígenas.

Al observar los mitos y leyendas canadienses, algunos se basan directamente en el folclore y la religión aborígenes, mientras que otros son una mezcla de tradiciones aborígenes y europeas. Estos son algunos de los grandes mitos y leyendas de Canadá.

Monstruos y leyendas canadienses

Algunas de las leyendas locales se relacionan con objetos inanimados en lugar de seres vivos.

- GALERÍA CHASSE - Cuentos populares franceses

Esta extraña leyenda se refiere a un grupo no especificado de personas que recorren una distancia considerable en poco tiempo. Decidieron hacer un pacto con Satanás (!) para convertir la canoa en un barco veloz. Satanás les dice que pueden tomar la barca donde les plazca, pero que no deben mencionar el nombre de Jesucristo para que Satanás no se lleve sus almas. Pero en el camino los integrantes del grupo se emborracharon mucho y uno de ellos comenzó a pronunciar los nombres de Dios y de Jesús. Los demás intentan detenerlo, pero la aeronave choca con la Tierra y los deja inconscientes. Cuando recuperan la conciencia, se encuentran en el Infierno.

El título Chasse Galleries se acepta comúnmente como 'canoas voladoras' o 'canoas embrujadas', aunque la traducción exacta se asemeja a 'casa embrujada'.

- CRESSIE - Newfoundland

Se dice que este monstruo de 15 pies vive en las aguas del lago Crescent en Roberts Arm, Newfoundland. Este pequeño pueblo (población 840) tiene muchos avistamientos documentados de esta criatura, algunos de los cuales se remontan a épocas tempranas y leyendas tribales. El monstruo toma la forma de una serpiente y se dice que vive en la parte más profunda del lago. También tiene la capacidad de cambiar de apariencia.

- Bailando con el diablo (también conocida como la Leyenda de Rosa Latulipa) - Cuento popular europeo

Hay decenas de versiones de esta historia, pero básicamente una joven estúpida decide bailar con un extraño hasta la medianoche. Llega el momento y el extraño se revela como nada menos que Satanás, permanece allí hasta que ¿Qué son las lecciones morales? No bailes con extraños.

- DUNGARVON WHOOPER - NUEVO BRUNSWICK

Esta extraña historia se cuenta entre madereros y leñadores en la cuenca del río Dungarvon en New Brunswick. Parece que había una vez un joven ayudante de cocina que trabajaba en un campamento maderero junto al río. Inexplicablemente, el jefe del campo mató, cocinó y se comió al niño un día. El jefe le dijo al leñador que el niño se había escapado.

Esa noche, el campamento se llenó de gritos espeluznantes.

. . .

Al día siguiente, los madereros abandonaron el campamento aterrorizados. Se dice que el espíritu del niño todavía reside en esta tierra.

- Meseta Prohibida - Columbia Británica

Debajo de las onduladas colinas de la Columbia Británica se encuentra una meseta montañosa boscosa salpicada de pequeños lagos. Hogar de Commoc/Comox, esta zona escarpada se utilizó como refugio para las familias de los miembros de la tribu durante las incursiones enemigas de las tribus costeras. Se dice que una vez una familia se escondió, pero cuando los hombres regresaron al área para recoger a sus esposas e hijos después de ser atacados nuevamente, no había ni rastro de ellos. Este lugar fue declarado zona prohibida porque se consideraba la residencia del espíritu maligno que secuestró a la familia.

En 1946, un terremoto de magnitud 7,3, el más grande jamás registrado en Canadá, golpeó la meseta. Afortunadamente, el daño y la pérdida de vidas fue mínimo.

- Barco Fantasma TEAZER – Nueva Escocia

Esta es la historia de un gran barco (probablemente real). Young Teaser fue una goleta hundida en la costa de

Nueva Escocia durante la Guerra de 1812. La gente cree que todavía se les puede ver navegando a través de la niebla de la mañana y envueltos en llamas. Aún más interesante es el detalle de que el Young Teazer era un barco pirata con licencia. Este es un hecho raro e interesante en la historia de los barcos fantasma.

- Barco fantasma (II) - Isla del Príncipe Eduardo y Northumberland

El barco fantasma del estrecho de Northumberland es el barco fantasma más famoso de Canadá. Los avistamientos se remontan a más de 200 años y, a menudo, se habla del barco de tres mástiles quemándose mientras otros barcos intentaban acercarse a él. Una goleta misteriosa desaparece cuando se acerca un barco de rescate. Se desconoce el nombre y el origen del barco.

- Tren fantasma - Quebec

Saskatchewan tiene una leyenda local del Tren Fantasma.

La leyenda gira en torno al pequeño pueblo de St. Louis, donde se descubrió una vía de tren abandonada. Se pueden ver luces extrañas a lo largo de las vías en ciertas noches. Las luces se atribuyen a trenes fantasma o fantasmas de trabajadores ferroviarios fallecidos.

- Pozo de dinero de Oak Island – Nueva Escocia

Esta es una leyenda conocida por los espectadores de todo el mundo y la base de programas de televisión populares. Ubicado frente a la costa de Nueva Escocia en Oak Island, el misterioso 'Money Pit' es un agujero de 70 metros de profundidad excavado por una persona desconocida y lleno de numerosas 'trampas' que consisten en plataformas en cascada, cascadas y pisos falsos. Este pozo ha sido explorado por varios individuos y grupos durante más de 150 años.

Seis cazadores de tesoros murieron como resultado (algunas leyendas dicen que el tesoro no se encuentra hasta que siete están muertos). Una segunda leyenda dice que mientras haya robles en la isla, no se puede encontrar ningún tesoro.

El roble sigue en pie.

. . .

En los últimos años se han propuesto varias teorías sobre los pozos, la mayoría de las cuales se basan en pequeños objetos recuperados de varias excavaciones. Ya sean las ruinas de un caladero vikingo o el último guardián del botín pirata, nadie lo sabe con certeza.

Inuit/Indígenas

Estos dos grupos pertenecen juntos, pero no son lo mismo.

Los inuit, anteriormente conocidos como "esquimales", vivían tradicionalmente en las islas y a lo largo de las costas del Ártico canadiense y lo que ahora es Alaska. Los pueblos indígenas son los pueblos indígenas que vivían en las tierras entre los océanos Pacífico y Atlántico, debajo del Círculo Polar Ártico.

Un tercer grupo es reconocido en Canadá. es un mestizo Estas personas son descendientes de pueblos indígenas que se unieron a los europeos.

Hay varios grupos inuit, incluidos los inuit del caribú, los inuit de cobre, los inuit de Neturik, los inuit del lago

Amitzok y los inuit de Iglelik. La mitología y la cultura de cada uno de estos grupos son ligeramente diferentes, al igual que algunos de los dioses y diosas y las historias sobre ellos.

Los diferentes seres e historias de este libro representan diferentes grupos inuit.

Dioses y diosas inuit

La mitología inuit se basa en gran medida en el estilo de vida marítimo de la gente. Esta es una buena manera de distinguirlo de la mitología de las Primeras Naciones en la Tierra.

- Kinak

Kinak es el dios de la montaña del viento del norte y el hijo de Shira, el aliento de vida. Su aliento helado podía ser mortal, y su enorme cuerpo postrado se extendía por las montañas. Cuenta la leyenda que una mujer humana llamada Taku escapó de su marido abusivo y se refugió en las montañas que son Kinak. Fujin simpatizaba con su historia y le permitió vivir con él durante muchos años. Eventualmente, Kinak tuvo que cambiar de posición al otro lado y Taku tuvo que irse a casa para hacerse rico. Por un tiempo, la pareja fue feliz y tuvo un hijo, pero el esposo de Tak volvió a sus viejas costumbres y comenzó a golpear a Tak nuevamente. Le recé a Kinak para que no me atraparan. El hijo de Taku se convirtió en un gran cazador, pero desafortunadamente heredó el temperamento de su padre.

Cuando el hijo comenzó a matar cazadores rivales, Kinak finalmente lo eliminó también.

• NANUQ /NANOOK

Nanuk significa "oso polar" en inuit. También puede aparecer como un maestro oso o un dios oso polar.

• Nunam

Noonam, la diosa de la tierra, a veces se considera la esposa de Sila. Lleva versiones vivas de animales terrestres en miniatura que ha creado (excepto el caribú) y una capa larga con pulseras de piel que cuelgan. Se dice que Nunam dio a luz a un niño varón en forma de flor en su superficie al principio. Las mujeres inuit arrancaban flores para tener hijos. Se cree que el preciado zorro almizclero nace de un gran huevo plantado en lo profundo del cuerpo sobre el suelo de Nunam. Antes de que comenzara el tiempo, Sila descendió del cielo para unirse a

Nunam y dio a luz al primer hombre (llamado Karak). Nunam se unió a Karak y produjo a la primera mujer. Karak luego tomó a la primera mujer como esposa y poblaron la Tierra con humanos.

- Puki Muna/Pinga/Madre Kalibo

Pukimna, la diosa caribú, vivía aisladamente rodeada de una enorme manada de caribúes que fabricaba con sus pantalones y que controlaba. Cuando el hombre violó un tabú, Pukimna se llevó la manada para que los cazadores no pudieran encontrar comida.

También es conocido por mantener a las morsas alejadas de los cazadores. Pukimuna hizo una morsa con sus botas.

Los pukirnakalibou originalmente tenían colmillos de morsa, pero los convirtieron en cuernos porque eran demasiado peligrosos para los humanos. Las bestias seguían siendo demasiado rápidas para los cazadores, por lo que Pukimna las ralentizó engrosando el pelaje de sus vientres, flancos y gargantas para hacerlos menos aerodinámicos. Me dejó una abolladura en la frente. Queda hoy.

- SEDNA

Esta diosa del mar o diosa de los mamíferos marinos es quizás la deidad más venerada en la mitología inuit. Es hija de Anguta (dios de la isla costera) e Isarrataitsoq (con quien Sedna comparte el dios escorpión gigante Kanajuk). Según la leyenda de Sedna, Sedna tenía tanta hambre que devoró el brazo de su madre y uno de los brazos de su padre, evitando que Angta la dominara y la llevara al mar en una canoa. Así que la tiró por la borda con la intención de abandonarla. Pero Sedna agarró el borde de la canoa con la mano. Anguta, desesperada, se cortó el dedo con un cuchillo y la envió a las profundidades saladas.

Entonces Sedna convirtió sus manos sin dedos en aletas y sus dedos en grandes criaturas marinas.

Angta, todavía con un solo brazo, regresó a la orilla con su esposa sin brazos. Sedna, ahora transformada en una diosa del mar (pero aún enojada por haber sido abandonada), arrojó a sus padres con olas gigantes, llevándolos de la orilla hacia el abismo del mar, obligándolos a servir en la corte submarina. Los Angta actuaban como jueces de las almas de los muertos, castigando los tabúes que rompían en sus vidas.

. . .

Cuando el castigo se consideraba debidamente cumplido, las almas podían ir al reino de los muertos llamado Ad-Driven, donde renacerían. Esperé y viví feliz para siempre.

• SEQINEK

La diosa del sol Sekinek sostiene una antorcha (sol) en lo alto mientras corre por el cielo para escapar de su lujurioso hermano, el dios de la luna Tatkimut. Él está muy por detrás de ella, llevando una antorcha (luna) a media luz a través del oscuro cielo nocturno. Seqinek llegó a la casa compartida al anochecer y entró poco después de que Tatqimt se fuera para su cacería nocturna. No hay dos personas en casa al mismo tiempo.

• Shira/Silla/Silap Inua/Hirap Inua/Hira

Sila es la diosa del cielo, el clima y el viento (considerada la fuerza vital de la creación).

El viento era considerado el "aliento del mundo" y Sila se convirtió en el dios del aliento de humanos y animales. La fuerza vital fluyó de Shira al nacer y volvió a Shira al morir.

. . .

Cantar, contar historias y tararear requieren respiración, por lo que Sila maneja estas cosas tan bien como la inspiración creativa.

Se dice que los susurros de la intuición provienen de Sura.

Los dolores de conciencia también se atribuyen a Sura.

Mientras talla, deja caer virutas de marfil en el suelo para crear nieve. Debido al clima helado, se lo representa bien afeitado y sin camisa.

- Tapasum

Tapasma es la diosa del más allá celestial (la contraparte de Sedna, que gobierna sobre el más allá del agua).

Las dos vidas posteriores son el resultado de la ubicación de los grupos que las custodian: los inuit costeros se aferran a la vida futura submarina de Sedna (Adlivun), y los inuit intercontinentales se aferran a los cielos de Tapasma (Udlormiat, la Tierra de la Luz Eterna).

. . .

En ambos casos, el castigo y la recompensa dependen de la observancia exitosa de varios tabúes en la vida espiritual de uno.

Se dice que la Tierra parece un iglú gigante y la estrella es un agujero en el techo del iglú por donde entra la luz de Udrumiat. El alma de Udlormiat tiene mucha comida, calor y ocio, gran parte del cual se dedica a jugar al fútbol inuit.

Se dice que la aurora boreal es el alma que se mueve dentro y fuera del campo. Las almas finalmente cansadas de Udromiat imaginan a Tapasma renaciendo en la Tierra.

- TATQIMT/TARQEQ/TARQIUP Inua

El dios de la luna Tatkimut persigue con avidez a su hermana Sekinek, que tiene una antorcha parcialmente encendida (la luna) y cuya antorcha completamente encendida es el sol. Takkimut es importante en el ciclo de la reencarnación.

Cuando las almas de los muertos están listas para renacer, la diosa Tapasma le pide a Takkimut que las traiga de regreso a la tierra, instruyéndole cómo renace cada alma.

En su trineo tirado por perros gigantes tirado por cuatro perros gigantes (o solo un perro gigante), Tatqimt lleva almas a la Tierra en las noches sin luna (por qué la luna no está en el cielo durante unos días cada mes).). Tatqimt también controla las mareas (esenciales para los inuit) y supervisa la caza, lo que lo convierte en la deidad más importante del panteón inuit.

Estados Unidos

Estados Unidos comenzó como una colección de colonias pertenecientes a Gran Bretaña. Antes de que Francia y España exploraran este país, reclamaron grandes extensiones del Nuevo Mundo. Llegaron decenas de millones de colonos, se esparcieron por vastas tierras "desconocidas" y se encontraron con personas que habían vivido allí durante miles de años.

A quienes les desarraigaron la vida y lo vendieron todo por una nueva oportunidad de vida en Estados Unidos no les gustó la idea de tener que compartir "su" tierra con los indígenas. " Dentro de unos pocos cientos de años, los nativos prácticamente habían desaparecido de la faz de la tierra. Los sobrevivientes fueron amontonados en "reservas" (como si esas tierras fueran un regalo especial del gobierno) y esencialmente se les dejó languidecer a causa de las enfermedades y el hambre.

Nativos americanos

La historia de los pueblos indígenas de América no comienza con la llegada de los primeros europeos.

En cambio, comenzó hace unos 16.000 años cuando la última edad de hielo retrocedió y las grandes capas de hielo que cubrían gran parte de América del Norte comenzaron a derretirse. Estudios genéticos recientes muestran que tan pronto como el hielo retrocedió, un pequeño número de personas del Lejano Oriente ruso comenzó a migrar a través del Estrecho de Bering a Newlands en las Américas. Se desconoce, pero generalmente se acepta que entre 10,000 y 8,000 a. La población cambió de cazadores-recolectores a agricultores. Establecieron asentamientos permanentes y perfeccionaron las artes de la alfarería, el tejido y la cría de ganado. A medida que la civilización progresó y se pasó menos tiempo cuidando los rebaños, hubo más tiempo libre disponible para dedicarse a artes como la narración de cuentos, la música y la religión.

. . .

A pesar de la evidencia de que los pueblos indígenas descienden de grupos ancestrales comunes (con la excepción de los nativos de Alaska, que llegaron en migraciones mucho más tardías), los mitos y el folclore de estos pueblos varían mucho según la geografía. Aunque se pueden ver similitudes en el estilo artístico y la ilustración entre los grupos de la costa del Pacífico y los sudamericanos (como los incas), la mitología estuvo influenciada por las diferencias en el clima y el estilo de vida tribal.

Los pueblos subárticos de América del Norte se pueden dividir en dos grupos distintos.

Las tribus de habla algonquina del continente oriental, como los algonquin, cree, dog y ojibwa, y las tribus de habla athabaskan del continente occidental. Chipeyan, Hoopa, Troyes. Los idiomas nativos del suroeste, como el apache occidental y el navajo, también son atabascanos.

Dioses y diosas de los nativos americanos de las tribus del sudoeste

. . .

Es útil examinar los mitos de los nativos americanos relacionados con la geografía tribal.

- DIY EN DINE`É

Los Diyin Dine'é son el "Pueblo Sagrado" de la leyenda navajo. Diyin Dine'é no se llama a sí mismo "Dios", es inmortal y creó el sol, la luna, las estrellas y las constelaciones. Los nombres de los santos son:

- Haashch'éélti'í (Dios que Habla)

Su cuerpo es blanco y es del Tercer Mundo. Tó Neinilí (Rociador de Agua): Su cuerpo es azul. Él es el gobernante de la lluvia y es del tercer mundo.

- Haashch'éé'ooghaan (Casa o Dios de la Casa)

Su cuerpo es amarillo. Es del tercer mundo.

- Haashch'éeshzhiní (o Black Yé'ii)

Este Señor del Fuego ayudó a convertir al Niño Turquesa en el Sol y proviene del Tercer Mundo.

- Ma'iito'í Álchíní (Coyote grande formado bajo el agua)

Este es uno de los cuatro santos originales del mundo.

- Áltsé Hashké (Coyote llamado la Primera Ira)

Este es uno de los cuatro santos originales del mundo.

- Áltsé Hastiin (Primer Humano)

Este es uno de los cuatro pueblos divinos originales del Primer Mundo.

- Áltsé asdzaá (primera dama)

Es una de las primeras cuatro primeras santas del primer mundo.

- Kachina (inglés) / Kachina (Hopi) / Kokere (Zuni)

Los kachinas son seres espirituales (similares a los tótems de otras culturas nativas) que encarnan ciertos aspectos de la vida de la gente Pueblo (especialmente los pueblos Hopi y Zuni) del suroeste de los Estados Unidos.

Cada Kachina tiene tres lados: el espíritu, el bailarín Kachina y la muñeca Kachina. Se cree que las muñecas están habitadas por espíritus, por lo que las muñecas solo se les dan a aquellos que se cree que pueden cuidar de los espíritus y mostrarles el respeto que merecen. Las tribus que consideran sagradas a las muñecas no venden muñecas.

Otras tribus de la zona, especialmente los navajos, hacen copias de las muñecas y las venden a los turistas.

Los bailarines de Kachina se consideran encarnaciones espirituales temporales y actúan solo en ocasiones especiales.

- Wuya

Wuya es el más importante de los Hopi Kachinas. Ocupan un lugar destacado en la jerarquía de los espíritus y, a menudo, representan los aspectos más importantes de la cultura de un pueblo. Aquí está parte de Ooya.

- Ahul

Espíritu del cielo y del sol.

- Arosaka

Espíritu del Crecimiento de las Plantas (generalmente emparejado con Muinga, Espíritu de la Germinación de Semillas).

- Angak

Espíritu sanador. Estatua masculina del guardián (nombre en inglés: Long Hair Kachina).

- Angwusnasomtaka/Tümas

Espíritu de iniciación infantil (nombre en inglés: Mother Crow). Eototo: Espíritu de la Naturaleza, Bailarín de las Nubes.

- Kokopelli

Espíritu de la Fertilidad, supervisa el parto y la fertilidad. Como bromista, también es responsable de la música y, a menudo, se lo representa como un flautista jorobado.

- Nataska/Nata`aska

Patronus de Soyok Wuhti (Mujer Monstruo). Ejecutor de las buenas obras de los niños (nombre en inglés: Uncle Ogre).

- Patung

espíritu curativo y cultivo de maíz. Puede transformarse en un tejón (nombre en inglés: squash).

- Toho

espíritu de la caza (nombre en inglés: Mountain Lion Kachina).

- YÉ'II

Es un término general que se refiere a los seres espirituales en la mitología navajo. Los Diin Dine (pueblo sagrado) son considerados la clase más alta del pueblo Yei, pero hay otros. Gobernante de los Cuatro Mares:

- Téééhooltsódii

Grandes criaturas acuáticas que alcanzan objetos en el agua. Gobernador del Mar Báltico. monstruo femenino.

- Táltl'ááah áléeh

Gobernante de los Mares del Sur.

- Ch'al

Rana. Gobernante del mar occidental.

- Iini Jirgai

Trueno de invierno. Gobernador del Gran Océano del Norte.

- Nílch'i Dine'é

Gente Espíritu del Aire (Gente Murciélago).

- Nílch'i Ligai

Viento blanco.

- Nílch'i Ha'aahd'go

Viento del este.

- Jóhonaa'éí (Navajo)

El sol que gobierna el día.

- Tl'éhonaa'éí (Navajo)

La luna que gobierna la noche.

- Asdzáá Nádleehé (Navajo)

La mujer cambiante. Representa el primer período de una mujer joven y la transición de niña a mujer.

- Na'ashjé'ii Asdzáá (Navajo)

Una mujer araña que sabe tejer telarañas con fibras vegetales. Enseñó al Primer Hombre y a la Primera Mujer a hilar.

- Naayéé' Neizghání (Navajo)

Monster Hunter. El mayor de los cambiantes hijos gemelos femeninos del dios sol Johonaei.

- Na'ídígishí (Navajo)

Asesino de enemigos (también conocido como Tóbájíshchíní, Niño del agua).

La más joven de las gemelas mutables del dios sol Yohonaei.

- Hazéítsoh (Navajo)

Espíritu de Gopher. Puede parecerse a un viejecito con un sombrero de plumas. Todas las ardillas de tierra hoy en día tienen vetas de sangre roja en la cara del monstruo con cuernos que mataron.

Afroamericano

No todos los afroamericanos se identifican como afroamericanos. Cuando se trata específicamente del Caribe, algunos afroamericanos se identifican como haitianos, jamaicanos o dominicanos, por ejemplo.

Como en otras partes del Nuevo Mundo, la llegada de los europeos imperialistas los expuso a enfermedades desconocidas en el Viejo Mundo, como la viruela, el sarampión, la fiebre tifoidea y el cólera, que mataron a masas de nativos de la Isla.

Esta despoblación abrió el camino para Mano de obra esclava africana en el Caribe y asentamiento afroamericano allí.

Los africanos occidentales controlaban vastas y rentables plantaciones de azúcar que producían casi el 90 % del azúcar del mundo en los siglos XVII y XVIII. Cuando se proscribió la esclavitud, se apartó a los antiguos esclavos y se trajeron "sirvientes" de China, India y otros países para trabajar en los campos.

El cultivo de caña de azúcar ha devastado el ecosistema de la isla, lo que ha provocado el agotamiento del suelo, laderas desnudas y contaminación del agua. La producción de plantaciones a gran escala disminuyó drásticamente en el siglo XIX y las potencias imperiales como Gran Bretaña, Francia, España y los Estados Unidos casi abandonaron el Caribe. Los africanos occidentales restantes se convirtieron en los "nativos" de la isla. El más conocido es el vudú.

. . .

El vudú, cuya escritura tiene varias formas, es una religión con raíces en las prácticas y creencias religiosas de África Occidental. Los africanos esclavizados trajeron la religión a las islas del Caribe y la nutrieron como un vehículo para la rebelión contra los esclavos, el vudú puertorriqueño, etc.), esta sección se refiere principalmente al vudú haitiano y de Luisiana.

Los grupos de esclavos que trajeron las raíces del vudú a las islas (especialmente la isla de Santo Domingo, que finalmente se convirtió en Haití y la República Dominicana) eran principalmente reinos africanos que existían en la actual Nigeria, Togo y Benin del siglo XVII. del dialecto Phong de la región y significa 'espíritu' o 'dios'. Los esclavos de otras partes de África occidental se mezclaron con los practicantes de vudú originales y los restos de la población nativa americana para crear una religión propia.

A medida que el catolicismo fue impuesto a los esclavos por los dueños de plantaciones blancos asustados, los rituales de esa religión se agregaron al nuevo sistema de creencias de los esclavos, y el vudú original de África occidental renació como vudú. Un término para una religión que surge de la combinación de múltiples religiones en una sola práctica es una religión sincrética.

· · ·

Aunque las clases altas modernas ya no practican el vudú sino el catolicismo, muchas de las clases más pobres aún siguen las tradiciones vudú. New Orleans fue fundada en 1718 y se convirtió en la capital del estado francés de Luisiana. La ciudad fue fundada por la French Mississippi Company para servir como puerto de suministro en el Caribe y para enviar azúcar refinada a Europa.

También fue un campo de esclavos donde los esclavos más resentidos y enojados fueron "domesticados" y vendidos a los dueños de las plantaciones. La ciudad fue parte de la Compra de los Estados Unidos del Territorio de Luisiana.

Este cambio de propiedad coincidió con una serie de rebeliones de esclavos en Haití alimentadas por creencias espirituales vudú.

Los disturbios finalmente expulsaron a los franceses de la isla, la mayoría de ellos huyendo a Nueva Orleans con muchos de los esclavos de habla francesa y practicantes de vudú. Así, el vudú se creó en Nueva Orleans y se extendió a otras partes de los Estados Unidos. Cambió a medida que se extendía, convirtiéndose en un sistema de creencias altamente variable pero establecido.

· · ·

A diferencia de muchas religiones indígenas, el vudú es una religión monoteísta. Esta teología está en el corazón del catolicismo, que se sabe que tuvo una gran influencia en el vudú.

De hecho, los seguidores del vudú, conocidos como vudú, llevan a los santos católicos en sus propios dioses/espíritus innatos para evitar las duras restricciones impuestas a la práctica religiosa africana.

El vudú no es la única religión importada del Caribe.

Santería Lucumi (Cuba), Espiritismo (Puerto Rico), Kumina (Jamaica), Quimbois (Martinica) y algunas prácticas de América Latina y del Sur también han ganado adeptos en Estados Unidos. Al examinar las influencias religiosas en los afroamericanos, es importante entender que las principales religiones, especialmente el cristianismo y el islam, y el judaísmo no están incluidas.

Aunque el catolicismo se impuso a muchos de los primeros afroamericanos del Nuevo Mundo, muchos de ellos abrazaron voluntariamente varias religiones cristianas, en particular las denominaciones metodista y bautista.

. . .

Alrededor del 80% de los afroamericanos se identifican como cristianos y entre el 2% y el 8% se identifican como musulmanes. Por lo tanto, si bien esta discusión habla de religiones mixtas, se debe reconocer que estas religiones se aplican a un número relativamente pequeño de afroamericanos.

Supersticiones americanas

Muchas supersticiones estadounidenses son el resultado de nuestra herencia multicultural. Estas son algunas de ellas. Se dice que "toca el árbol" para evitar la desgracia de discutir temas tabúes o cometer un acto desafortunado sin darse cuenta (como derramar un salero). Esta creencia se deriva de un mito pagano de que los espíritus benévolos viven en los árboles y que tocar un árbol puede aprovechar la bondad del espíritu interior. "Si encuentras un centavo, llévalo contigo y tendrás buena suerte el resto del día". Esta loca superstición es graciosa porque está destinada a ser cantada junto con el acto de recoger centavos.

Esencialmente, esto se reduce a una convocatoria para protegerse de los demonios que podrían pensar en hacerte daño. Esto funciona con cualquier moneda, no solo con centavos. Sin embargo, tenga en cuenta que la moneda debe estar boca arriba. Acostarse mata la felicidad. La extraña superstición de que las malas noticias (o la muerte) son 3 parece más relevante cuando se trata de las muertes de celebridades y otras figuras públicas, en lugar del público en general.

Dado que comúnmente se piensa que los "tres" están cósmicamente "equilibrados" (piense en la Trinidad cristiana o la Trinidad hindú), esta superstición está asociada con los semidioses místicos de la mitología griega.

Puede estar relacionada con el destino de ser Hay tres destinos: Cloto (la hilandera del hilo de la vida), Lachesis (la Lachesis (libertadora) que decide la longitud del hilo) y Atropos (la indomable que corta el hilo).

El juego está destinado a humillar a los principiantes, y los "jugadores exitosos" atribuyen su éxito, ya sea en el juego o en el peligro de la vida, a una fuerza misteriosa en la que no se puede confiar. Esta es una postura muy anti-personal/procomunidad.

Pedir un deseo cuando ves una estrella fugaz es casi mágico.

. . .

Probablemente fue mal visto como un "pagano" por la iglesia. Cruzar los pulgares para tener buena suerte se deriva de creer en el poder de la Santa Cruz, por lo que "cruzar los pulgares" significa una especie de bendición para su próximo esfuerzo (ese esfuerzo es un toque (incluso si es solo un intento de gol de campo después de un down).). Curiosamente, muchos niños (y bastantes adultos) creen que han "cruzado los dedos".

Esta es una manera de disculparse por tener la intención de mentir a pesar de su promesa de actuar. Sin embargo, los padres no comparten las mismas creencias sobre las excusas para cruzar los dedos.

El trébol de cuatro hojas de la suerte es una superstición irlandesa derivada de la creencia de que un trébol (de tres hojas) representa a la Santísima Trinidad (creencia que surgió tras la introducción del cristianismo en Irlanda). Las hojas de trébol representan la fe (Dios), el amor (Jesús) y la esperanza (Espíritu Santo). Sin embargo, la cuarta mano representa la suerte, y la rareza de la cuarta mano le da a la tradición un estatus mágico: 13 es malo, 7 es bueno y 666 es fatal. ¿pero por qué? Aparte de Judas, que traicionó a Cristo, hubo 12 apóstoles en la Última Cena.

. . .

La traición de Judas y su estatus como el decimotercer apóstol arroja para siempre el número 13 a un pozo de fuego de números terribles si eres cristiano. Del mismo modo, el 666 es bíblico. Es el "Número de Bestias" que anuncia la venida del Anticristo en el apocalipsis final del Nuevo Testamento.

7 es afortunado por muchas razones: la astronomía clásica se refería a siete cuerpos celestes visibles a simple vista: Sol, Luna, Mercurio, Venus, Marte, Júpiter y Saturno. Varias religiones han designado siete dioses principales (griegos y romanos, egipcios y japoneses) para gobernar estos planetas.

Los árabes construyeron siete templos sagrados. Los hindúes describen los siete chakras. El budismo describe las siete encarnaciones de Buda.

El Antiguo Testamento está lleno de 7's. El templo del rey Salomón tardó siete años en construirse. La Torá hebrea designa cada séptimo año judío como un año santo. La Cabalá usa un brazalete de cordón rojo de siete nudos para protegerse del mal de ojo. El Libro de Apocalipsis tiene siete sellos para que ocurra Armagedón. Egipto tiene siete pecados capitales, siete plagas, siete virtudes celestiales y siete sacramentos. Shiva se celebra durante siete días.

Roma tiene siete colinas y siete mares. Hay siete continentes, siete maravillas del mundo, siete colores en el espectro visible (piense en el arcoíris) y siete notas musicales en la escala. No te olvides de los siete enanitos. Hablando místicamente, el séptimo hijo del séptimo hijo se convierte en profeta, y la séptima hija de la séptima hija se convierte en bruja.

México y Centroamérica

La historia de México es larga e ilustrada, marcada por siglos de ocupación y conquista indígena. Asentado por primera vez hace más de 13,000 años, la misma ola de migración que cruzó el puente terrestre de Bering después de la última edad de hielo, trajo a la región lo que se convertiría en los "nativos" de México, la mayoría de ellos se trasladaron al sur. Viajó a América Central.

México y América Central tienen varias civilizaciones avanzadas que comienzan con los olmecas.

. . .

Los olmecas florecieron entre 1500 y 400 a. Preparó el escenario para que lo siguieran otras civilizaciones. La religión olmeca se basaba en las acciones de los sacerdotes y chamanes, y dependía de una élite gobernante para actuar como puente entre los dioses y el pueblo. Se descubrió que la famosa "serpiente emplumada" y el dios de la lluvia formaban parte del panteón, pero los olmecas no dejaron constancia de su mitología. Se desconoce el nombre olmeca del dios serpiente emplumada.

Los Mayas

La siguiente gran civilización después de los olmecas fue la maya, con la primera gran ciudad maya alrededor del 750 a. Esto continuó hasta que el sistema colapsó a gran escala alrededor del año 900 d.C. El colapso no tuvo como resultado la desaparición de la población maya, pero sí trasladó a la civilización de los centros urbanos como Tikal a las regiones selváticas bajas alrededor de Guatemala y Belice, a la árida península de Yucatán en el sureste de México.

Se construyó la metrópolis de Chichén Itzá, dedicada a la serpiente emplumada que ahora se llama Kukulcán.

.   .   .

Esta deidad tiene raíces en la sociedad maya anterior al colapso y era conocida como Waksakurahun Uber Khan, la serpiente de la guerra. Nuevamente, gran parte de su mitología es desconocida. Sorprendentemente, el complejo de Chichén Itzá es mucho más pequeño y presenta menos estructuras arquitectónicas monumentales que las construidas antes de la caída de los mayas. Una lección famosa en la mitología maya fue la idea de un "rey de los dioses". Al igual que los faraones egipcios, se creía que los reyes mayas eran descendientes directos de los dioses.

Por eso el linaje real era tan importante. La sangre de los dioses debe permanecer intacta, no mezclada con la gente común, para que los reyes-dioses no pierdan su poder y puedan realizar las ceremonias necesarias para mantener la civilización maya funcionando sin problemas. La familia real se heredaba de padre a hijo mayor, y también se heredaba el poder de los dioses. Ciudades importantes como Chichén Itzá tenían templos piramidales coronados por altares donde se realizaban ceremonias de derramamiento de sangre y sacrificios humanos.

El panteón mesoamericano (incluido el panteón maya) evolucionó a partir de las primeras religiones primitivas que adoraban a los elementos (fuego, agua, tierra, naturaleza).

La adición de cuerpos astrales (sol, luna, planetas, estrellas) amplió la ideología, al igual que la introducción de formas animales de los dioses.

Mitos y Leyendas del México Moderno

Una mirada a los mitos y leyendas mexicanas modernas revela muchos de sus antiguos ancestros nativos americanos, así como la fuerte influencia de los católicos que llegaron con los conquistadores españoles. Más del 80% de los adultos en México (más de 96 millones) se identifican como católicos, en comparación con sólo el 20% de los ciudadanos estadounidenses que se identifican como católicos.

Los mexicanos son descendientes de pueblos indígenas, españoles y mestizos, por lo que sus leyendas y folclore también son de origen mixto. Un ejemplo es Chax, un antiguo espíritu de lluvia que se dice que está gobernado por Jesucristo.

. . .

Sin embargo, se puede decir que Nuestra Señora de Guadalupe es la figura religiosa mexicana más famosa y venerada. Desde su aparición milagrosa a un granjero llamado Juan Diego en 1531, la Virgen María ha sido aclamada como una presencia divina, se cree que detuvo epidemias e inspiró movimientos de liberación e independencia.

Supersticiones de México y Centroamérica

Las supersticiones de los pueblos mexicanos y centroamericanos a menudo giran en torno al daño físico. Estas creencias han llevado a la creación de milagros o amuletos, que se cree que tienen poderes mágicos de curación y protección. Algunas de las supersticiones más comunes en estas áreas son:

- Llevar un sombrero en la cama invita a la mala suerte.
- Limpiar el cuerpo con huevos puede evitar el mal de ojo, especialmente en los niños. Un huevo crudo en el cuerpo de la víctima se usa para absorber la mala energía. El mismo huevo se rompe en un recipiente con agua por la noche y se coloca debajo de la cama de la víctima. Si el huevo se coagula, el mal de ojo se curará.
- Si pones tu bolsa en el suelo, te volverás pobre.

- Si alguien te ha lavado los pies y eres soltero, no te casarás.
- Ponga la escoba boca abajo detrás de la puerta y los invitados no deseados saldrán de la casa.
- Decorar tu casa con conchas marinas invita a la mala suerte.
- Mantener un vaso de agua encima de su refrigerador o detrás de su puerta puede ayudar a absorber la energía negativa de su hogar.
- No se lave las manos después de planchar. Entonces te da artritis.
- Si sale a la calle en una ola de frío repentina, puede perder la vista.
- Mi cara se congela cuando salgo después de comer demasiado.
- Si te pica un escorpión, come chocolate.
- Si se te cae la tortilla al suelo, vendrá el acompañante.
- Dormir con un perro o un gato te hará infértil.
- No le des saleros a nadie. Es solo mala suerte. Pon el salero frente a ti y tómalo tú mismo.
- Mirar fijamente a un perro que hace caca te dará granos en los ojos.
- No apuntes con el dedo al arcoíris. Me salen granos en la nariz.
- Si ves cosas feas durante el embarazo, tu bebé también será feo.

- No se bañe durante el embarazo. El agua sucia llegará a tu bebé.
- Los bebés que no escuchan música en el útero se vuelven sordos.
- Cuando le sonría a su bebé, asegúrese de tocarlo. De lo contrario, el bebé se enfermará.
- No le corte las uñas a su hijo antes de que cumpla 1 año.
- A la medianoche de la víspera de Año Nuevo, come 12 uvas, una por cada campanada de medianoche. Pide un deseo en cada uva que comas.
- Para garantizar un viaje seguro y buena suerte, haga las maletas y camine la cuadra en la víspera de Año Nuevo.
- Tirar un balde de agua por la ventana en la víspera de Año Nuevo ayuda a limpiar el año pasado y comenzar a limpiar el nuevo.
- Habla con alguien sobre tus pesadillas para que no se vuelvan reales.
- Cuando un perro aúlla, la muerte se acerca.

Sudamérica

América del Sur se encuentra principalmente en el hemisferio sur. Las montañas envuelven la costa oeste y la selva de la cuenca del Amazonas cubre la mayor parte de la mitad norte del continente. El país más grande es Brasil, el quinto país más grande del mundo y más grande que el continente de Australia (casi diez veces la población del país). Brasil es también el único país de habla portuguesa en América del Sur. Fue reclamado por el explorador portugués Pedro Cabral en 1500.

La influencia de las conquistas europeas en la historia reciente de América del Sur no se puede subestimar, pero incluso desde los Incas, la influencia de los pueblos indígenas, especialmente de los Incas, ha sido mayor, dejando aún más huella en la mitología del continente.

Sin exagerar la evidencia de asentamiento humano en América del Sur data de hace unos 11.000 años e incluye varios pueblos indígenas como los Arawak, Guaraní y Tupi. Muchas de estas tribus, como muchos pueblos indígenas, estaban segregadas por prácticas religiosas y clases sociales. Las relaciones intertribales se caracterizaron por una guerra constante por las costumbres sociales, los recursos y las instituciones culturales.

Inca

. . .

Los incas fueron en América del Sur lo que los mayas fueron en América Central y México. El vasto Imperio Inca, que floreció entre 1400 y 1533, abarcó toda la mitad occidental del continente desde Ecuador hasta Chile, convirtiéndolo en el imperio más grande de América en ese momento y el imperio más grande del mundo.

El centro de la civilización Inca estaba en lo que hoy es Perú, y su capital era Cusco/Cuzco/Cosco. Ahora está catalogado como Patrimonio de la Humanidad por la UNESCO. La ciudad tenía forma de puma (león de montaña) o jaguar (también sagrado para los mayas) y tenía una población de alrededor de 150.000 habitantes. La pieza central del sitio era el Templo del Sol, ubicado en un complejo religioso conocido como Qoricancha. Este complejo ocupaba el área de ola de jaguar/puma y estaba dedicado a varias deidades del panteón Inca. Estos incluyen al dios creador Viracocha, la diosa de la luna Quila (Mama Kiriya) y, sobre todo, Inti, el dios del sol en el que creían los incas. que son descendientes de Inti.

Según la leyenda, Qorikancha era la Ciudad de Oro, con muchas capas de pan de oro en las puertas y otros elementos arquitectónicos, y piedras preciosas (en particu-lar, esmeraldas) en los edificios. Perú fue invadido. Los Incas creían que el oro era el sudor del sol y la plata las lágrimas de la luna.

. . .

Superstición sudamericana

Estas son algunas supersticiones sudamericanas:

- Un sueño en el que se caen los dientes significa la muerte de un familiar.
- No dejes tu bolso o cartera en el suelo para no perder todo tu dinero.
- No solo es mala suerte para los gatos negros, sino que dormir con un gato (o un perro) te hará infértil.
- Mirar a un bebé recién nacido durante mucho tiempo puede causarle mal de ojo. Para evitar esto, dele a su bebé una pulsera (chorro) o collar especial.
- Barrer los pies de una mujer con una escoba la hará incasable.
- Decorar tu casa con conchas marinas invita a la mala suerte.
- Los espíritus malignos pueden esconderse en las conchas marinas.
- No te rasques esa palma que te pica. Métalo en el bolsillo porque significa que viene dinero.
- Cortar el cabello de tu bebé antes de que pueda caminar retrasará sus primeros pasos. Si lo cortas antes de que aprenda a hablar, nunca hablará.

- Tener un vaso de agua en tu nevera absorberá la energía negativa de los malos espíritus y de los visitantes no deseados, manteniendo feliz tu hogar.

- Un zumbido en los oídos significa que alguien está hablando de ti.

- Muérdete la lengua para eliminar cualquier malicia que puedan propagar.

- Pegar pan en techos y puertas se usa para alejar los malos espíritus.

- Usar bragas rojas en la víspera de Año Nuevo puede ayudarte a encontrar a tu alma gemela y traer buena suerte.

- Golpear fuerte una olla o sartén también trae buena suerte.

- Guardar un puñado de centavos debajo de la alfombra de tu nuevo hogar te traerá buena suerte y una economía saludable.

- Comer mangos con leche te matará.

- El símbolo del elefante con su trompa flotando en el aire trae riqueza financiera. (Curiosamente, no hay elefantes en América del Sur).

- No camine descalzo por la casa. Se resfriará.

- Si la primera mariposa que ves en primavera es blanca, estás de suerte todo el año.

- La cuchillería es mística y significa que, si dejas caer el cuchillo al suelo, comenzará una pelea. Si dejas caer el tenedor, los invitados masculinos vendrán a tu casa. Si se le cae la cuchara, el cliente es una mujer.

- Vístete de blanco para traer buena suerte en Nochevieja. Es pleno verano en América del Sur, por lo que es fresco y cómodo de llevar.

- La sal de roca colocada en la esquina de la habitación ahuyenta a los demonios. En otras partes del mundo, la sal también se usa para alejar o contener demonios y espíritus.

Leyendas y monstruos mitológicos sudamericanos

- El Yacuruna, selva amazónica

Es conocido como el demonio del agua porque vive en las profundidades de los ríos y lagos de la selva amazónica. De ahí deriva su nombre, el cual significa "hombre del agua" en quechua. Los lugareños creen que duerme durante el día con un ojo abierto, y que, por la noche, patrulla la selva utilizando un cocodrilo negro como canoa y una boa gigante como collar. Se cree que es el responsable de que las personas desaparezcan en la Amazonia.

. . .

Es una creencia popular que desciende de los dioses y que tiene la habilidad de transformarse en un hombre muy atractivo para capturar a sus víctimas, generalmente mujeres. Pero quienes lo han visto en su verdadera forma afirman que es un hombre peludo, con pies deformes. Además, tiene una característica singularmente aterradora: gira la cabeza hacia atrás para hacerte creer que, una vez que descubres su verdadera identidad y tratas de huir, en realidad, estás corriendo hacia él.

- El Tunche, Perú

Este ser es una criatura que vaga por la selva peruana durante las noches alertando a sus víctimas con un silbido perforador. Dicen que, si el ruido es muy agudo y va aproximándose al pueblo o a alguna casa, eso significa que caerá mala suerte sobre los lugareños, como alguna tragedia, enfermedad o una muerte.

Nadie sabe cómo es en verdad. Algunos testimonios lo describen como parecido a un ave, mientras que otros afirman que se ve como un brujo. Pero todos concuerdan en que no es una criatura maligna o benevolente, sino el reflejo del espíritu de la persona con la que se encuentra. Así, si alguien es malvado, el Tunche se lo hará saber haciéndolo pagar por sus injusticias, mientras que alguien bondadoso sabrá que no hay nada que temer.

- El Lobizón, Argentina

Esta es una condena a las parejas que, habiendo tenido ya seis hijos hombres, traen al mundo a un séptimo varón. Este último se convertirá en el Lobizón, una criatura parecida a un enorme perro negro, una especie de hombre lobo con orejas enormes que producen un sonido altísimo. Sin embargo, este ser no se transforma en las noches de Luna llena, sino todos los viernes a medianoche, y, en ocasiones, los martes también.

Cuando esto sucede, sale a hacer sus diabluras hasta el amanecer mientras asusta a los animales de granja, come sus desechos y alborota las tumbas de los cementerios.

- La Llorona, México

Tal vez, una de las leyendas más famosas y espeluznantes que el país ha compartido con el mundo. El relato se originó hace siglos, con la fundación del Virreinato de Nueva España, y cuenta la historia de una indígena que se enamoró de un noble español con el que tuvo tres hijos. Lamentablemente, el europeo nunca quiso reconocer a los niños ni mucho menos contraer matrimonio con ella, y, al cabo de un tiempo, se casó con otra mujer.

Esto trastornó a la dama indígena hasta tal punto que enloqueció y ahogó a sus tres pequeños en el río. Cuando se dio cuenta de lo que había hecho, tomó su propia vida.

Se cree que la culpa y el dolor no le permiten descansar, y que vaga desesperada gritando por sus hijos vestida de blanco.

- La Tunda, Colombia y Ecuador

Si existe un espíritu femenino realmente maligno, este sería la Tunda. Dicen que fue una mujer maltratada por su esposo que decidió vengarse de los hombres. Vive en los bosques tropicales del sur de Colombia y el norte de Ecuador, y se ve como una persona horrible que camina con un pie de palo de madera, y otro pie que tiene la apariencia del de un bebé.

Las malas lenguas afirman que, para capturar a sus víctimas, borra su apariencia monstruosa y se transforma en un familiar cercano a ellas. También roba a los niños desobedientes y a los que no han sido bautizados. Dicen que cautiva a los hombres infieles, así como a jóvenes, y les provoca un trance alimentándolos con camarones. Así los mantiene secuestrados en la selva para comérselos. Y, si se quiere rescatar a algún cautivo, es necesario ir en grupo acompañados por un sacerdote.

- El Pombero, Argentina, Brasil y Paraguay

El Pombero es una criatura famosa de las leyendas guaraníes de Paraguay, aunque también se sabe de él en algunas zonas de Argentina y del sur de Brasil. Su nombre quiere decir "hombre de la noche" en guaraní.

Este duendecillo es responsable de cuidar que la fauna y flora no se desperdicie ni se explote innecesariamente para que no se sacrifiquen más animales de los que alimentarán a familias ni se derriben tantos árboles.

Es común que las comunidades le pidan en oración al Pombero que cuide de sus cosechas para que crezcan y proteja a sus animales, ofreciéndole sacrificios de tabaco y de miel. Pero estas peticiones y ofrecimientos no son voluntarias. Si una familia olvida hacerlos, este ser causará destrozos en esa casa e incluso será capaz de dejar sin voz a alguna de sus víctimas con tan solo tocarla con las manos.

- El Chupacabras, Puerto Rico

Durante la década de 1990, un fenómeno extraño aconteció en Puerto Rico: decenas de animales fueron encontrados muertos en el amanecer, sin una gota de sangre en el cuerpo y con dos agujeros pequeños en el cuello, por los cuales se habría absorbido el fluido. Unos cuantos animales incluso fueron encontrados sin un órgano.

Muchos creen que el culpable era un ser humanoide de dos patas, con pelo gris o verde, espinas que recorrían toda su espalda y cola, y alas que le permitían escapar de la escena del crimen al que se denominó Chupacabras. Otros reportes incluían apariciones en México, Chile, Filipinas y el Caribe.

- El Camahueto, Chile

Dicen que se asemeja a un ternero de pelaje verde brillante con un bello cuerno en la frente, similar a un unicornio. Se cree que este ser nace en las profundidades de la tierra de uno de estos cuernos.

Ese hueso es tan preciado que cuentan que, en el pasado, las curanderas locales de Chiloé, las "machis", empleaban parte de él en sus pociones y remedios contra enfermedades y dolencias, aunque debían manejar la dosis con extrema precaución: una cantidad muy generosa podía afectar al paciente con intensos dolores de cabeza o incluso volverlo loco.

- La Cegua, Costa Rica

El origen de esta leyenda se remonta a la historia de una joven orgullosa e ingrata. Ella se había enamorado de un español, quien la invitó a un baile, pero sus padres, a quienes ella trataba con desprecio, no la dejaron asistir.

Rebosante de ira, la muchacha intentó golpear a su madre, pero una mano negra se interpuso entre ellas y maldijo a la muchacha, quien se transformó en un espíritu maligno.

Este fantasma se les presenta como una bella mujer a los hombres que transitan por la noche en caminos desolados a caballo, e incluso en carro. Una vez que obtiene su atención, su rostro se transforma en una escalofriante calavera pestilente. La impresión es tan grande que mata a sus víctimas de un ataque al corazón, y, si eso no funciona, las besa, pues sus besos provocan la muerte.

- El Silbón, Colombia y Venezuela

Su historia se remonta a tiempos muy lejanos en los que un joven asesinó a su padre y se convirtió en un espectro deambulante de la llanura. Los habitantes cuentan que se hace presente con un temible silbido que avecina muerte y tragedia. Otros aseguran que puede aparecer cerca de una casa contando los huesos de su saco y que, si alguien los escucha, no hay de qué preocuparse; pero si pasa desapercibido, alguien amanecerá sin vida.

Suele aparecerse a los hombres mujeriegos que transitan ebrios por los caminos, aunque, de vez en cuando, le gusta asustar a víctimas inocentes. Dicen que succiona el alcohol de la barriga de estos sujetos, mientras que a los mujeriegos los castiga quitándoles los huesos y poniéndolos en el saco donde también guarda los de su padre.

4

Europa

EL IMPERIALISMO de las naciones europeas dio paso a una "Era de los Descubrimientos" que difundió las creencias cristianas blancas por todo el mundo, a menudo imponiendo brutalmente estas ideas a las poblaciones endémicas.

La cultura original fue homogeneizada y muchas otras destruidas. La mitología europea fue moldeada por la exposición a muchas religiones y culturas diversas, pero gran parte de la diversidad y originalidad de esas religiones y culturas se ha perdido por completo. Es la fuente de la mayoría de las historias y tradiciones conocidas de la civilización occidental.

. . .

Europa del Este

El país más importante en términos de tamaño y población es Rusia.

Dos tercios de la masa terrestre de Rusia se encuentra físicamente en el continente asiático, pero dos tercios de la población vive en la parte más pequeña del país en el continente europeo. Por esta razón, Rusia se considera un país europeo. Por lo tanto, no se puede ignorar la contribución de Rusia a los mitos y el folclore de todo el continente europeo.

El folklore ruso tiene esencialmente dos influencias principales: las creencias religiosas paganas y las supersticiones de los antiguos pueblos eslavos, y las historias y creencias que surgieron después de la adopción del cristianismo ortodoxo y/o el catolicismo romano.

Los eslavos eran seminómadas y se dividían en tribus según sus creencias y prácticas religiosas y sus diferencias culturales (similares a los pueblos de América del Norte). La mitología eslava es difícil de descubrir, ya que la tribu era históricamente analfabeta y transmitía conocimientos e historias a través de la tradición oral. Lo que está escrito puede distorsionarse gravemente a través de los filtros cristianos ortodoxos practicados por escribas y sacerdotes.

Parece estar basado en el mismo politeísmo general que dice que las diferencias eran generalmente locales, lo que generalmente resultaba en dioses diferentes al panteón común al que las diferentes tribus otorgaban importancia. Se dividieron en tres categorías amplias: personas (checos, eslovacos, polacos) y eslavos del sur (serbios, croatas, eslovenos, búlgaros).

Supersticiones de Europa del Este

En general, los europeos del este tienden a ser más supersticiosos que los europeos occidentales. Una encuesta reciente encontró que el 50% de los rusos admiten cambiar su comportamiento de acuerdo con supersticiones y creencias mágicas.

Aquí hay algunas supersticiones interesantes:

- No use ropa al revés. Esto aumenta el riesgo de ser golpeado. Si comete un error, puede corregirlo rápidamente. Si le pides a alguien que te dé palmaditas en la espalda, puedes salirte con la tuya. Las flores se deben dar solo en números impares. Entonces el ramo tiene 13 pero no 12. Los rusos solo aceptan un número impar de flores, por lo que dar un número par de flores es una distracción. Los ramos con un número par de flores están destinados a los cementerios.

- No retrocedas en medio de tu viaje para llegar a casa. Si no lo hace, no tiene suerte. Si olvidas algo importante y tienes que ir a casa, mírate en el espejo antes de salir de casa y continúa tu camino.

- No cruzar el umbral para dar la mano (no abrazar ni besar). Los fantasmas viven allí y tus acciones en su reino pueden enfadarlos, y eso es una mala idea. En su lugar, entra y saluda. Al igual que con algunos regalos chinos, dar ciertos artículos para el hogar puede ser problemático. Por ejemplo, dar objetos afilados (como cuchillos o tijeras) puede generar disputas con el destinatario. Esto se puede evitar cobrando un rublo por el regalo, convirtiéndolo en una "venta" y cambiando su naturaleza.

- Dar una bufanda trae lágrimas, pero dar una cartera vacía trae mala suerte.

- Las billeteras deben contener monedas u otras sumas de dinero para que el destinatario nunca se vuelva pobre. Siéntate entre dos personas con el mismo nombre para tener buena suerte.

- Si hay dos Ivans o dos Natashas en tu grupo, párate entre ellos y pide un deseo y se hará realidad. Por supuesto, no le digas a nadie lo que querías.

- La comida salada significa que el chef se ha enamorado, así que no te quejes.

- No lamas el cuchillo. Hacer esto te convierte en una persona malvada (probablemente un mentiroso porque sabes que el mentiroso tiene la lengua bífida).

- Cuando alguien te dice "buena suerte", debes responder con "¡Dios mío!" o algo así. La infelicidad sucede cuando agradeces a alguien que te desea felicidad. Otras versiones de este mito dicen que la primera persona nunca debe decir "buena suerte", sino "romperte la pierna" en ruso, dando la misma respuesta.

- No dejes botellas vacías sobre la mesa. Las botellas vacías deben colocarse en el piso debajo de la mesa, ya sea que la cuenta de su fiesta lo dicte o si sigue la tradición de usar todas las botellas que se abren.

- Necesito sentarme un poco antes de continuar. Esto garantiza un viaje seguro para todos.

- Tocar madera es muy importante en Rusia. No lo dicen en voz alta y fingen escupir en su hombro izquierdo tres veces (simbolizando que están escupiendo en el ojo del diablo).
- Si accidentalmente pisas el pie de otra persona, espera que tu pie también sea pisado.
- Se cree que devolver el mismo delito al delincuente previene futuras peleas entre ustedes.
- No camine del otro lado del poste cuando esté con amigos o seres queridos. En otras palabras, la relación termina. Asegúrese de que ambos pasen por el poste del mismo lado.
- Hipo significa que alguien está pensando en ti.
- Silbar en interiores es muy desafortunado y puede perder todo su dinero.
- Una sola persona nunca debe sentarse en la esquina de la mesa. Los niños están exentos.
- No te sientes directamente en el suelo, ya que te hará infértil. Esta regla es especialmente cierta para las mujeres. Está bien sentarse sobre mantas u otros revestimientos para el suelo.
- No le desees a alguien un feliz cumpleaños antes de la fecha para que no le pase la desgracia. No celebres tu cumpleaños antes de la fecha real.

EUROPA OCCIDENTAL

Aunque la Europa occidental se ve empequeñecida por su hermano oriental, ha desempeñado un papel importante -si no el más importante- en la determinación de la gobernanza de las naciones del mundo. Europa Occidental (incluyendo las subdivisiones de Europa del Sur y Europa Central) contiene los países de Austria, Bélgica, Croacia, la República Checa, Dinamarca, Estonia, Finlandia, Francia, Alemania, Hungría Irlanda, Italia, Liechtenstein, Luxemburgo, Mónaco, Países Bajos, Noruega, Polonia, Portugal, Eslovaquia, Eslovenia, España, Suecia, Suiza y el Reino Unido, y a veces (según el organismo que lo defina) las naciones más pequeñas de Andorra, Grecia, Islandia, Letonia, Lituania, Malta, Mónaco y San Marino. La República de Turquía es transcontinental, ya que la mayor parte de ella se encuentra en el continente asiático.

El cristianismo es, de lejos, la religión predominante en Europa Occidental: más del 70% de la población se identifica como cristiana. Tras el "Gran Cisma" de 1054, el mundo cristiano se dividió en cristianismo occidental (religiones católicas o protestantes que utilizan el alfabeto latino) y el cristianismo oriental (religiones ortodoxas que utilizan el alfabeto griego o cirílico).

. . .

La división de Europa en términos estrictamente religiosos cs un problema para un país como Grecia, predominantemente ortodoxo, pero que por diversas razones difícilmente pertenece a la llamada Europa del Este, por lo que países como Hungría, Alemania Oriental, Polonia, y Rumania se asoció con Europa del Este y Rusia en lugar de Occidente (y los países del llamado "Bloque Occidental" que compartieron lealtad durante la guerra). Guerra Fría).

La religión de Europa occidental (la fuente de la mayoría de los mitos) fue históricamente católica hasta el surgimiento del protestantismo en el siglo XVI. En el pasado, el fanatismo religioso estaba muy extendido, incluidos los tormentos de las guerras religiosas como la Inquisición española y las Cruzadas.

Supersticiones de Europa occidental

El viernes 13 es un día de miedo. No es sólo Europa Occidental. Se cree que los números impares traen mala suerte en muchas culturas, incluidas China, Japón y los Estados Unidos. Único en Europa occidental es la peculiaridad del viernes 13. El rey Felipe IV de Francia necesitaba fondos para financiar sus ambiciones. Sabía que se decía que los Templarios estaban acumulando grandes cantidades de oro de Tierra Santa. Él también se ocupó de ellos. El viernes 13 de octubre de 1307, se lanzó un ataque coordinado a gran escala contra las posesiones de los templarios en Francia.

Los Templarios fueron arrestados y todas sus propiedades confiscadas. Los Caballeros Templarios fuera de Francia escaparon a este destino, pero Philippe forzó la mano del Papa Clemente V y la Orden de los Caballeros Templarios finalmente se disolvió.

Otras supersticiones de Europa occidental.

Di "¡Felicitaciones!" cuando alguien estornuda. Debido a la densidad de población relativamente alta de Europa Occidental, las epidemias podrían propagarse muy fácilmente. Varias grandes epidemias de enfermedades horribles han acabado con innumerables personas. La peor fue la Peste Negra, que se extendió desde Asia a Europa en el otoño de 1347. Cuando terminó, tres años después, había muerto alrededor de un tercio de la población europea.

El hábito de decir "¡Bendito seas!" Su estornudo es un intento desesperado de obligar al Todopoderoso a detener la propagación de la enfermedad. Crucemos los dedos para la buena suerte. La práctica puede haberse originado con los arqueros ingleses durante la Guerra de los Cien Años con Francia. Quizás el tirador cruzó los dedos al apretar las cuerdas. Se creía que la "Señal de la Cruz" secreta ayudaba a llamar la atención de Dios sobre sus objetivos. Los arqueros destruyeron al ejército francés en la Batalla de Crécy en 1346 y en Agincourt en 1415. Se me permitió hacerlo. Finalmente, los franceses ganaron, pero los arqueros cambiaron el rostro de la batalla para siempre.

La mala suerte vendrá si lastimas o matas a un gato. Muchas culturas alrededor del mundo creen que los gatos negros traen mala suerte, pero la prohibición de dañar a todos los gatos se originó en Alemania. La famosa Selva Negra de Baviera es el hogar de muchas de las desagradables brujas y monstruos del folclore alemán. Las brujas son familiares de los gatos, por lo que no es una buena idea lastimar a tus mascotas y enojarlas. Matar una araña también se considera mala suerte por la misma razón.

Es desafortunado encontrarse con la anciana a primera hora de la mañana. Si ves a una joven, te llegará la buena suerte.

. . .

Los alemanes tienen muchas advertencias contra las mujeres mayores, pero muchas de ellas hacen lo contrario con las mujeres más jóvenes.

Nuevamente, las brujas parecen tener algo que ver con la razón de esta superstición: las palmas de las manos con picazón significan que el dinero llegará pronto. Esta superstición en realidad se extendió desde los esclavos africanos.

En Nigeria, se cree que, si le pica la palma de la mano derecha, recibirá dinero y si le pica la palma de la mano izquierda, perderá dinero. No se suba debajo de escaleras abiertas. Esta superstición tiene un origen interesante. La escalera abierta parece formar un triángulo, lo que se conoce como una forma particularmente mágica. Caminar debajo de una escalera rompe las formas místicas (y posiblemente los diversos espíritus que residen allí), interrumpe la simetría y trae mala suerte. En algunas tradiciones, incluso puede matarte.

Romper un espejo trae siete años de mala suerte. Los espejos no solo han sido muy caros a lo largo de la historia, sino que algunas culturas creen que los espejos capturan el alma del espectador. Romper el espejo mata el alma, lo que inevitablemente conduce a la muerte del espectador. Persiste la misma creencia en la reticencia a ser fotografiado, y esto prevalece en algunas culturas. La razón de 7 años es que este ha sido durante mucho tiempo un número mágico en muchas tradiciones, incluido el cristianismo. Las herraduras traen buena suerte.

Los caballos son muy importantes para los nómadas de todo el mundo. Ser dueño de un caballo es a menudo un símbolo de riqueza, y mantener cualquier cosa relacionada con él o exhibir una imagen de él aumenta sus posibilidades de hacerse rico. Asegúrate de colgar la herradura en la puerta. Esto evita que las herraduras escapen a la suerte.

Nadar en agua helada el primer día del nuevo año trae buena salud durante todo el año. Esta creencia se ha convertido en un fenómeno mundial, dando origen a la fama del "baño del oso polar".

Más que beneficios para la salud, la moda actual tiene que ver con lo fría que está el agua y el tiempo que los nadadores pueden nadar, algo más común en los Países Bajos.

Traer a la novia al otro lado del umbral trae buena suerte.

. . .

Esta antigua superstición se deriva de la creencia en espíritus domésticos. Si la novia tropieza al entrar a su nuevo hogar, los malos espíritus pueden sobresaltarla y entrar en su cuerpo, provocando un parto difícil e incluso infertilidad.

Si una Virgo quiere saber si se va a casar el próximo año, tendrá que llamar al gallinero a medianoche en Nochebuena. Cuando el gallo cante, se casará. Incluso si el pollo canta, no canta. Esta creencia es muy popular en Alemania.

Si una mujer joven camina de espaldas a su jardín en la víspera de San Juan (solsticio de verano) y recoge una rosa, es posible que descubra con quién casarse. Debe guardarla en un cajón oscuro hasta que el día de Navidad, saca una rosa de tu bolso, ponla en tu escote y ve a la iglesia más tarde.

Este ritual es fácil de encontrar en Inglaterra. Ponga un par de pantalones de hombre en la cuna para evitar que los duendes reemplacen a su hijo. Es más probable que los padres alemanes hagan esto.

. . .

El cadáver sangra cuando el asesino lo toca. En el pasado, tocar un cadáver era una forma de probar la culpabilidad o inocencia en un asesinato. Afortunadamente, esta prueba ya no se practica. se hizo popular en Inglaterra.

5

Australia y Oceanía

Las naciones independientes del Pacífico son increíblemente diversas. Las tradiciones de la Australia moderna tienen sus raíces como una colonia penal europea, pero su gran población aborigen y las características geográficas únicas del continente también ejercen su influencia. Fue colonizado por varios grupos étnicos y políticos.

Muchos de ellos tienen raíces mitológicas y religiosas similares, mientras que otros conservan sus propias creencias, lo que ha permitido el desarrollo de algunas prácticas y creencias muy interesantes. Australia es el continente más pequeño y plano del mundo, y el único país que domina el todo el continente más seco del mundo. El outback (el interior escasamente poblado) recibe alrededor de 25 cm de precipitación por año. Eso no es mucho más que menos de una pulgada que cae en la parte más seca del desierto del Sahara.

El término Oceanía se refiere a todo el grupo de islas a lo largo del Pacífico Sur y Central, incluida Australia. El área del Océano Pacífico es más grande que el área de todas las áreas terrestres de la Tierra combinadas.

El Océano Pacífico está salpicado de miles de islas, divididas en tres grandes categorías: islas del continente (Australia, Nueva Zelanda, Nueva Guinea, etc.) e islas de las tierras altas (también conocidas como islas "volcánicas" como Melanesia), y el "Anillo de Fuego del Pacífico") e islas bajas (como Micronesia y Polinesia, incluidas las islas de Hawái).

Estos diferentes tipos de archipiélago se basan en formaciones geológicas, un tema que escapa al alcance de este libro.

La mitología de Oceanía es una sinfonía de dioses, leyendas y tradiciones, demasiados para enumerarlos aquí (incluso en Australia hay más de 900 tribus aborígenes diferentes).

· · ·

Muchas de las creencias son similares y difieren en detalles.

Otros son bastante diferentes y, como los de la Isla de Pascua, sus orígenes son un misterio.

Supersticiones de Australia y Oceanía

Nuevamente, las supersticiones en esta área son muy diferentes a las de otros lugares debido a la mezcla de culturas.

Algunos de ellos son:

- Matar a un águila de cola blanca enfurece el espíritu del ave y puede provocar arrebatos violentos que matan a las personas. No pongas tus zapatos sobre la mesa. Si haces eso, alguien cercano a ti morirá.
- No silbar en el cementerio. Los fantasmas pueden seguirte a casa. No se corte las uñas de los pies por la noche. invocar al diablo
- "MIN MIN Light" (un fenómeno meteorológico de causa desconocida) es el espíritu de tus ancestros fallecidos que te

cuidan. Otros creen que las luces están tratando de distraer a las personas del camino que han elegido. Si miras demasiado tiempo, incluso pueden bajar y llevarte.

- Si te pierdes por la noche, quítate la camisa, dale la vuelta y luego dale la vuelta así, encontrará su camino a casa.

- El kempnan (antojo) se puede evitar tocando (o pellizcando) los alimentos no consumidos. Un Kempnan insatisfecho puede convertirse en un alma mortal e inquieta.

- No duermas con el pelo mojado. Te vuelves ciego.

- Cuando a un niño se le cae un diente, hay que tirarlo contra el techo para que el nuevo diente crezca derecho.

- Durante una tormenta, el espejo debe cubrirse con un paño negro para que los rayos no entren en la casa.

- No encienda tres cigarrillos con un fósforo. Esta es una superstición en la que creen los soldados de la mayoría de los países. Un francotirador ve el primero, apunta al segundo y dispara al tercero. Por favor, no seas un tercero.

- Cuando una mujer toca el Digesty Doo, un extraño instrumento de viento, esta queda embarazada.

6

Monstruos mitológicos famosos
en la cultura popular

- Kraken

EL KRAKEN ES originario de la mitología escandinava y finlandesa. En los libros y leyendas era descrito como un pulpo gigante que emergía de las aguas de grandes profundidades para enfrentarse a marineros y atacar sus embarcaciones.

Las antiguas narraciones y libros de cuentos describían al Kraken como un cefalópodo "del tamaño de una isla flotante" (se decía que el dorso del pulpo tenía una extensión de, aproximadamente,2,4 kilómetros). El peligro real de este monstruo no eran sus ataques a los barcos, si no el potente remolino que originaba tras sumergirse de nuevo en el océano. Sin embargo, su potencial destructivo también era temido por todas las tripulaciones; contaba la leyenda que era capaz de aferrar al mayor buque de guerra y arrastrarlo hasta el fondo de los mares más profundos.

Actualmente, con el descubrimiento del calamar gigante, los historiadores se preguntan si la leyenda pudo haberse originado por avistamientos de calamares gigantes reales que podrían tener entre 13 y 15 metros de longitud, incluyendo los tentáculos.

• Sirenas

Las sirenas son seres mitológicos cuya función y representación ha variado con el paso de los años. En los orígenes, las sirenas eran considerados genios marinos híbridos de mujer y ave, pero desde hace bastante tiempo, la representación más común las describe como bellas mujeres que tienen cola de vez en lugar de piernas.

Según la mitología griega, la imagen de la sirena estaba asociada al mundo de los muertos y eran vistas como las encargadas de transportar las almas al Hasirena; en las Islas Británicas, las sirenas eran consideradas presagios de mala suerte; en China, las sirenas eran consideradas lágrimas que se transformaban en piedras preciosas, etc. Sin embargo, por lo que son más conocidas las sirenas son por la leyenda de Jasón y los Argonautas.

. . .

La leyenda cuenta que los marineros, encandilados por la voz de las sirenas, pusieron rumbo al lugar donde ellas habitaban y se dejaron engañar.

Orfeo, gracias a su habilidad, consiguió acallar los cantos de estas con música, de manera que los cantos no se pudiesen escuchar. Derrotadas por Orfeo, las sirenas se transformaron en piedra.

- Moby Dick

La ballena Moby Dick fue la protagonista de la novela publicada por el escritor estadounidense Herman Melville; libro que relata las aventuras del buque ballenero Pequod en su persecución de la ballena blanca; el terrorífico monstruo marino.

El barco dirigido por el misterioso capitán Ahab, zarparía con un objetivo primordial, que no se centraría en la caza de ballenas en general, si no en la caza de Moby Dick. Este monstruo marino le había arrebatado su pierna, tal y como contaría antes de zarpar a su tripulación.

. . .

Moby Dick fue conocido como el monstruo asesino que causó estragos a todos y cada uno de los balleneros que habían intentado darle caza.

- Monstruo del Lago Ness

El monstruo del lago Ness, más conocido como Nessie, es una criatura marina de grandes dimensiones que se dice lleva habitando en las aguas del lago Ness desde tiempos inmemorables.

La mayoría de los estudios realizados no son convincentes y no se ha podido demostrar nunca la verdadera existencia de este lagarto, sumergido en las aguas dulces de Escocia desde hace más de 1.500 años.

Hay rumores de que muchos locales han visto a la criatura y de que argumentan a favor de su existencia. De ser así, la mayoría de las descripciones sobre el aspecto del monstruo indican que sería similar o muy parecido a los antiguos y ya extintos plesiosaurios.

La única prueba que existía de su veracidad y existencia fue la afamada fotografía obtenida por M. Wetherell. Sin embargo, fue confirmada como un engaño cuando Chris

Spurling, yerno de M. Wetherell, yacía en su lecho de muerte.

• Jörmundgander o la Serpiente de Midgard

Jörmundgander se trata de una serpiente gigantesca que tiene al dios Loki como padre y a la mujer gigante Angrboda. Tenía como enemigo al dios Thor y fue lanzada al mar por Odín, que quería deshacerse de semejante aberración.

Este monstruo creció y se desarrolló hasta el Ragnarök, día de la destrucción total, momento en el cual Jörmundgander era tan grande que se dice podía abrazar a la tierra con toda su extensión.

Hay tres mitos destacados acerca de dicho ser mitológico, siendo el tercero de ellos el más conocido. Este último narra como Thor y Jörmundgander se encuentran con la llegada del Ragnarök. La serpiente se arrastra fuera del agua y envenena los cielos, intentando reptar hacia Thor. Thor lucha contra ella y le dará muerte, aunque finalmente, tras caminar nueve pasos, el dios caerá muerto también a causa del veneno de la serpiente.

• Makara

Es una criatura marina de la mitología hindú. En general se representa como una criatura medio terrestre, medio marina. La parte superior de su torso suele presentar la constitución de un animal terrestre, tal como un elefante, ciervo o venado. La parte inferior, presenta una cola de animal acuático.

Makara es el vehículo de la diosa del río Ganges y del dios del mar Varuna. También es el símbolo del signo astrológico de Capricornio, uno de los doce símbolos del zodiaco.

- Hipocampo

En la mitología griega se trataba de un caballo marino que desde la parte inferior del cuerpo tenía forma de cola de pez. Vivía tanto en aguas dulces como saladas y podía respirar aire. Eran herbívoros y se alimentaban de algas.

Este ser aparece en poemas homéricos como símbolo de Poseidón, cuya carroza era tirada sobre la superficie de los océanos por veloces y hermosos corceles. Estaban considerados los salvavidas del mar, pues recataban a cualquier persona (principalmente pescadores) que caía al agua.

. . .

Homero es uno de los primeros en describir a este ser en la Ilíada. Apolonio de Rodas también lo describió en su poema épico Argonáuticas. Otros autores griegos que hacen referencia a este ser son: Virgilio en Geórgidas; Eurípides en Andrómeda y Estacio en Tebaida. Actualmente conocemos muchos más datos sobre el «caballito de mar».

* Hidra de Lerna

Se trata de un monstruo acuático de la mitología griega con forma de serpiente de varias cabezas y aliento venenoso, hija de Tifón y la Equidna. Tenía la virtud de regenerar dos cabezas por cada una que perdía o le era amputada. Habitaba en el lago de Lerna en el golfo de Argólida.

Se decía que era hermana del León de Nemea y que por ello buscaba venganza por la muerte de éste a manos de Heracles (Hércules). Heracles acabó con ella en el segundo de sus doce trabajos.

Conclusión

¡QUÉ VIAJE! Quisiera concluir estas páginas agradeciéndole en primer lugar su interés por las maravillas intangibles de nuestra raza humana. Además, me gustaría darle las gracias por su imaginación. La gente en la Tierra hoy continúa escribiendo historias. Lo que decimos y escribimos como sociedad tendrá un valor diferente dentro de décadas. Cosas que hoy creemos imposibles (teletransportación, vida extraterrestre, inmortalidad y tantas otras) probablemente se convertirán en lugares comunes para los nietos de nuestros nietos.

Lo que es más importante, podemos ver las creencias de los demás como resultado de la diversidad acumulada a lo largo de la historia. Hoy en día, la ciencia parece descartar fácilmente las supersticiones.

• • •

Pero como hemos visto en estas páginas, es difícil ignorar el valor cultural que todas estas historias y creencias tienen para la identidad de las personas, nos une en torno a algo, aunque sean supersticiones que nos hacen creer que cosas que no existen pueden existir.

9 781646 947706